SOMMAIRE

Ustensiles de base 6
Modes de cuisson 8
Ingrédients et condiments de base 12
Quelques légumes de base 14
Fruits exotiques 16
Sauces 18
Manger avec des baguettes 20
Le thé 21
Hors-d'œuvre et en-cas 23
Riz et nouilles 47
Viande 59
Poisson 85
Volaille 102
Légumes 121
Soupes 137
Desserts 149

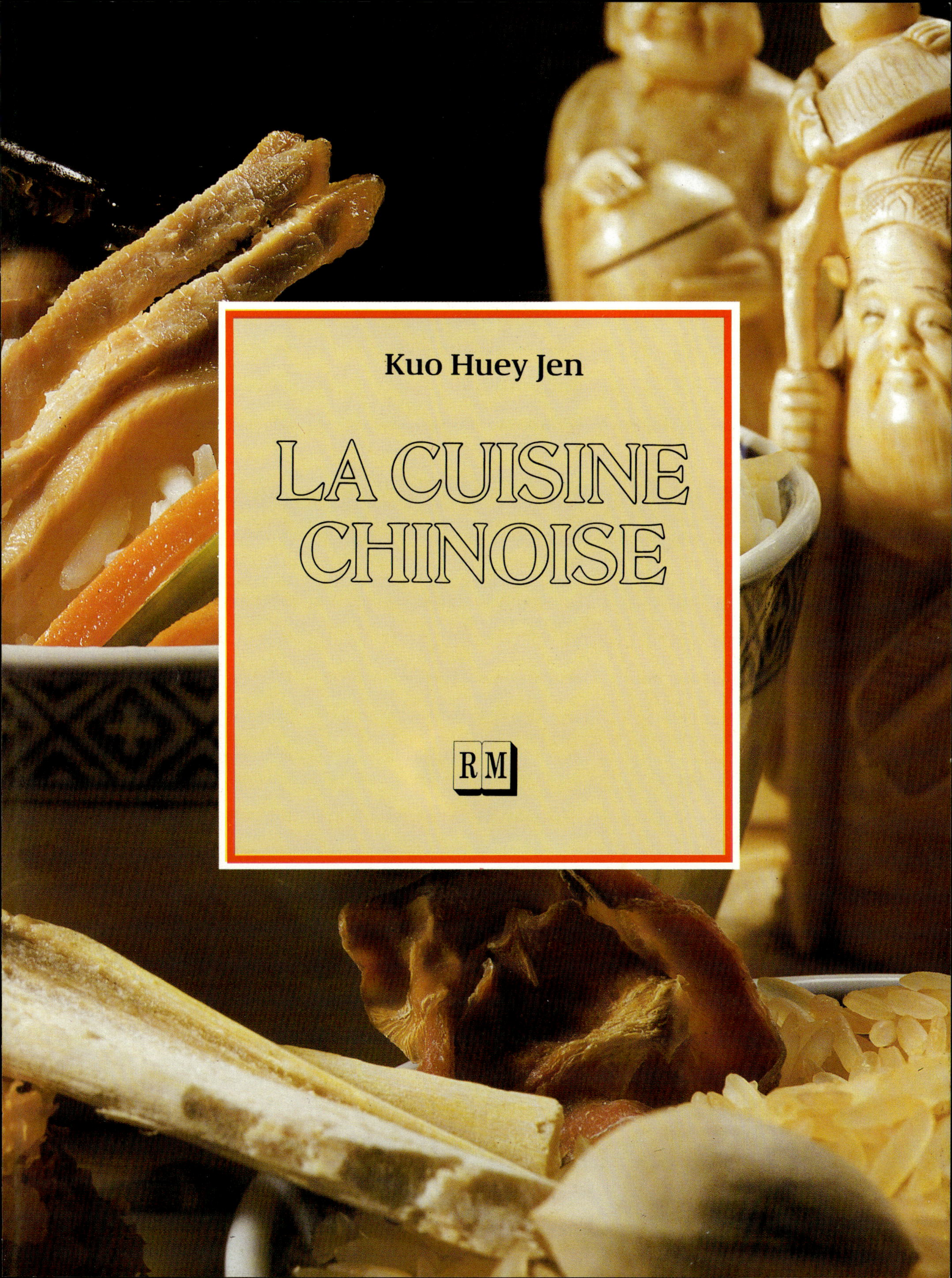

Kuo Huey Jen

LA CUISINE CHINOISE

RM

Nul pays n'a une civilisation plus ancienne que la Chine; et ce que j'ai appris dans ma famille vaut également pour tout foyer chinois: le respect des traditions figure une composante de la vie. Certes, de nombreux changements sont intervenus même dans nos cuisines, car les techniques et les méthodes de cuisson modernes ont, là aussi, fait leur entrée. Est resté cependant le plaisir de la table que nous autres Chinois tenons pour l'une des choses les plus importantes et précieuses, et que nous célébrons en conséquence. Cela explique peut-être le succès sans précédent que connaît la cuisine chinoise dans le monde entier. Partout où des Chinois se sont installés, en effet, les habitudes alimentaires spécifiques ont été conservées – et qui a goûté à la diversité culinaire chinoise ne saura y renoncer. L'on devrait toujours savourer la cuisine chinoise en la compagnie d'autres gourmets. Les ménagères, les amateurs et les cuisiniers de profession se surpasseront toujours, à l'occasion des repas de fête, pour offrir une multitude de plats aux saveurs et aux présentations différentes. Au niveau de la présentation, justement, la fantaisie est sans limites. Qu'ils dressent les mets de chic ou les ornent de fleurs, d'éventails ou d'autres objets d'art, les Chinois sont les maîtres de l'ornementation. Plus que n'importe où ailleurs, on fait en sorte que les mets réjouissent d'abord l'œil avant de flatter le palais. Mais avant que les plats ne soient un régal pour l'œil ou le palais, il faut bien sûr les préparer.

Celui à qui la cuisine chinoise est quelque peu familière sait que certains mets se préparent simplement et rapidement, mais qu'il existe aussi des modes de cuisine coûteux et chronophages. L'une et l'autre manière valent la peine d'être appliquées, car le résultat est immanquablement parfait.

Il faut également songer à jouer du contraste entre le croquant et le fondant, entre les ingrédients frais et déshydratés. Je reviendrai plus en détail, dans les pages qui suivent, sur les divers modes de cuisson et les possibilités d'utiliser la chaleur comme condiment et vecteur de sapidité. Mais il me faut déjà dire ceci: dans un menu chinois, il faut toujours veiller à ce que chaque plat soit également différent par son mode de préparation. En général, tous les mets sont servis en même temps et présentés de façon que chaque convive puisse prendre un peu de chacun. Les plateaux tournants, installés au centre de la table, sont, à cet égard, fort pratiques. On donne à chaque convive une portion de riz, destiné à être mélangé avec chaque plat, et qui doit apporter une nécessaire sensation de rassasiement. Qu'un hôte se lève de table encore affamé serait monumental et inconcevable impair de la part de l'amphytrion.

J'ai déjà parlé de la diversité des plats; il en va de même pour les condiments et les ingrédients. Là aussi, il faut jouer des contrastes: sucré et aigre, fort et doux.

Certains sont encore sceptiques vis-à-vis de la cuisine chinoise et se méfient de produits européens. On trouve, en Chine comme en Europe, des légumes, du poisson, de la viande et de la volaille; les quelques rares condiments inconnus ici se vendent dans presque n'importe quelle boutique bien approvisionnée.

En ce qui concerne la cuisson proprement dite, la cuisine chinoise est très simple, même pour les débutants, à condition de respecter quelques principes essentiels. Il importe de bien dissocier les phases de préparation et de cuisson. Au cours de la première, il faudra procéder à toutes les opérations qu'il ne sera plus temps de faire lors de la seconde. Tout doit être accommodé rapidement, rien ne doit être réduit en bouillie ou insuffisamment cuit. A cet effet, j'ai présenté, pour chaque recette, les ingrédients dans l'ordre de leur utilisation et décrit point par point les étapes de la préparation. Les ingrédients sont prévus pour 4 personnes et de manière à suffire pour un plat de résistance. On augmentera ou réduira la quantité indiquée en fonction du nombre de convives.

Il me reste à souhaiter que cet ouvrage vous divertisse et vous donne un petit aperçu de notre cuisine. J'espère que vous réussirez mes recettes et prendrez plaisir à les déguster. Garder toujours à l'esprit un vieux proverbe chinois: «Le ciel aime les hommes qui savent manger». Beaucoup d'amour, donc, et de bonheur!

Kuo Huey Jen

CHEFOO RED WINE

Ustensiles de base

L'art culinaire s'est développé en Chine au fil des siècles. On a ainsi fabriqué des ustensiles indispensables à la cuisine chinoise. Ce qui ne signifie pas pour autant qu'on ne puisse cuisiner chinois sans ces accessoires. Un peu d'imagination aidant, on pourra les remplacer par les poêles, les casseroles et les couteaux utilisés en Europe. Il sera utile d'en faire l'emplette si l'on compose souvent des menus chinois. On trouvera ci-après la description des principaux de ces ustensiles.

Le wok

Semblable à une poêle de fonte, ce récipient en forme de demisphère doit être lourd et réalisé dans un matériau qui soit bon conducteur. Il doit pouvoir devenir très chaud à l'endroit le plus creux et dispenser la chaleur sur les côtés. Dans la cuisine chinoise, c'est à peu près la seule casserole courante. On y pratique la cuisson dans la friture, à l'eau et à la vapeur. Le wok existe en différentes tailles, d'un diamètre de 25 cm pour les plus petits et d'environ 1 mètre pour les plus grands, qu'on utilise dans les restaurants. Normalement, on place le wok sur le feu ouvert; il est recommandé d'adapter un anneau de métal à la plaque des cuisinières européennes, qui confère au wok la stabilité nécessaire. Comme le wok règne en maître incontesté parmi les ustensiles chinois, il faudra se débrouiller pour le remplacer par des poêles ou des casseroles adaptés aux divers modes de cuisson. La poêle à frire, la daubière ou la marmite à vapeur sont, en Europe, le pendant du wok.

Le poêlon

Ce récipient, originaire de Mongolie, est une particularité. Identique au poêlon à fondue, il permet de garder les aliments au chaud ou de les y faire cuire. On le place sur un réchaud qui rappelle, en miniature, un poêle à charbon. La cheminée passe au centre du poêlon, évoquant un moule à gâteaux. Si le poêlon est un élément fort décoratif de la cuisine chinoise, on pourra toutefois le remplacer par un poêlon à fondue. Ces deux récipients remplissent à peu près la même fonction, à la différence que, dans la cuisine chinoise, on fait surtout cuire les aliments dans un bouillon, tandis que pour la fondue, graisse ou huile jouent un rôle de tout premier plan.

La marmite à vapeur

Cette marmite, en bambou, est un élément du wok. Le bambou est tressé de façon que la vapeur imprègne bien les aliments qui y sont déposés. Là encore, il en existe de différentes tailles. La marmite à vapeur occupe une place primordiale dans la cuisine chinoise, car la cuisson à la vapeur est beaucoup plus appréciée en Chine qu'en Europe. On peut acheter ces marmites dans les boutiques chinoises spécialisées. Peu coûteuses, on peut aussi les rentabiliser en les utilisant séparément pour la cuisine de tous les jours. Les aliments cuits à la vapeur sont légers et digestes. On peut, bien sûr, les remplacer par une marmite ordinaire, mais il est encore plus simple de placer un «cuitvapeur» au fond d'une casserole et d'y déposer les aliments.

Le couperet

En vérité, c'est le seul instrument qu'on utilise pour couper – en morceaux, en lamelles, en tranches – et hacher. Il en existe deux versions: le petit hachoir et le lourd couperet. Qui a déjà vu un professionnel à l'œuvre avec ces instruments aura été étonné de ses possibilités d'emploi. Etonnante est l'adresse avec laquelle cuisinières et cuisiniers réalisent de petits chefs-d'œuvre en tranches à l'aide de ces instruments pourtant grossiers. Il faut, bien sûr, opérer sur un billot ou un tranchoir. Une grande pratique est nécessaire pour tenir correctement le couperet ou le hachoir, d'autant que la lame en est aiguisée comme celle d'un rasoir. Il est donc recommandé, pour les personnes prudentes, de s'en tenir aux couteaux habituels. Ceux-ci, toutefois, devront être aiguisés, car un principe de base reste toujours valable: les aliments doivent, dans la mesure du possible, être coupés en morceaux d'égale grosseur et de forme régulière.

La spatule chinoise et la louche

Ces deux ustensiles jouent le même rôle dans la cuisine chinoise et européenne. La spatule remplace la cuiller à pot qui trouve surtout son emploi avec le wok. On utilise la louche pour tous les plats liquides, comme les soupes ou les sauces.

La passoire individuelle

Utilisé pour la préparation des aliments à table, cet ustensile se compose d'un treillis à mailles fines et d'un manche assez long. On y place les aliments avant de les plonger dans le bouillon ou dans la friture. Il joue le même rôle que les brochettes à fondue dans la cuisine européenne.

La passoire à manche
L'ustensile se compose d'un treillis et d'un manche en bois ou en bambou. On l'utilise pour égoutter les aliments sautés ou frits. Le manche de bambou permet de ne pas se brûler. La passoire à manche existe en différentes tailles. L'écumoire européenne remplit des fonctions identiques. Lorsqu'on a une friteuse, on peut utiliser le panier métallique.

Modes de cuisson

Ceux qui sont déjà quelque peu familiarisés avec la cuisine chinoise savent que la chaleur et le mode de cuisson jouent un rôle capital. Beaucoup plus que dans la cuisine occidentale, on établit des distinctions entre les diverses phases de cuisson. Il en est résulté une théorie de modes de cuisson qui confèrent aux mets diverses nuances de saveur. Ainsi, le même plat, cuit différemment, aura un goût tout à fait autre. Les recettes de ce livre ont été conçues pour des Européens. Si l'on souhaite cuisiner chinois dans les règles, il est indispensable de connaître les modes de cuisson chinois, puis de les mettre en application dans chacune des recettes. Les photos ci-après les montrent. C'est un jeu d'enfant, il suffit de faire un essai pour chacune de ces méthodes. Nous vous en présentons ici les principales, car s'il nous fallait passer en revue toutes les manières employées dans les nombreuses régions de Chine, le présent livre n'y suffirait pas.

Faire sauter en remuant
C'est le mode de cuisson le plus utilisé, qui conserve pleinement le principe de la fraîcheur et de la fermeté des aliments. On coupe les ingrédients en morceaux de la dimension d'une bouchée et on les met dans la graisse très chaude en fonction de leur durée de cuisson. L'ensemble des préparations doit être achevé – la moindre interruption, si courte fût-elle, ferait rater le plat. La graisse doit être très chaude et il est impératif de remuer les aliments constamment pendant toute la durée de la cuisson.

Faire sauter
Ce mode de cuisson ne pose pas de problème en Occident grâce aux techniques modernes; que l'on dispose d'une cuisinière électrique ou à gaz, on peut contrôler parfaitement l'apport de chaleur. La cuisine chinoise traditionnelle ne connaissait pas les cuisinières. On utilisait des récipients en forme de tonneau, alimentés à la base par du charbon de bois et fermés en haut par un lourd couvercle. On y suspendait les aliments. Ce mode de cuisson, grâce à l'intensité de la chaleur, permet de cuire les aliments très rapidement et de leur faire prendre une coloration égale sur tous les côtés.

Cuire dans la graisse
On distingue, selon le degré de chaleur de la graisse, la cuisson lente à feu doux et la cuisson rapide à feu très vif. Dans le premier cas, la cuisson demande au moins 10-15 minutes, tandis qu'elle ne dure que quelques secondes dans le deuxième.

Griller
On fait griller les aliments au-dessus d'une flamme nue. C'est ainsi que l'on fait cuire, sur une brochette ou un simple gril, des aliments crus ou précuits, qu'on enduit généralement d'une marinade ou d'un glaçage, afin d'obtenir une croûte croquante.

Enrober de pâte et faire frire
Très apprécié, ce mode de cuisson consiste à enrober de pâte le poisson, la viande, la volaille ou les légumes et à les faire frire dans de la graisse. On précuit à la vapeur, dans du bouillon ou de la matière grasse – les ingrédients qui exigent un temps de cuisson plus long. On peut aussi faire une pâte de façon plus simple en laissant mariner les aliments dans un liquide avant de les saupoudrer de fécule.

Cuire dans la sauce
On fait d'abord revenir les aliments normalement, en les arrosant d'huile ou de graisse. On ne recouvre de sauce qu'à la moitié du temps de cuisson. On utilise surtout les sauces de légumes, préalablement délayées. On peut encore remplacer les sauces par divers alcools, et aromatiser ainsi les aliments. On emploie essentiellement ce mode de cuisson pour accommoder le poisson et la volaille.

Cuire en arrosant
On met les aliments sur une grille du four, sous laquelle on place une poêle emplie d'huile. Quand l'huile est bouillante, on en arrose les aliments, à l'aide d'une louche; l'opération doit se répéter le plus souvent possible pendant la cuisson. On suspend les morceaux plus petits au-dessus de l'huile bouillante, dans un panier de friteuse, et on les arrose jusqu'à ce qu'ils soient cuits.

Cuire à la braise
Après les avoir enveloppés, on fait cuire les aliments dans du charbon incandescent, du sable, de l'argile, de la glaise, sous des pierres chaudes ou du sel. Ce mode de cuisson posera quelques problèmes à la ménagère européenne, mais plaira à coup sûr à l'époque des grillades estivales. Succès assuré auprès des invités.

Modes de cuisson

Cuire à l'étuvée
Il existe, là aussi, plusieurs variantes. Les plus connues sont la cuisson rouge et la cuisson blanche. Dans la première manière, on fait revenir les aliments puis on les enduit d'un mélange de sauce de soja, de sucre et d'un peu de vinaigre. Ce n'est qu'ensuite qu'on délaie avec du liquide et que l'on fait cuire dans un récipient fermé. En revanche, dans la cuisson blanche, on ne fait pas revenir les aliments. La chaleur aussi doit être moindre, le liquide de cuisson plus abondant.

Cuire à table dans du bouillon
Ce mode de cuisson, très prisé, est, à l'instar de la fondue, presque un jeu de société. On place sur la table un poêlon empli de bouillon (ou de tout autre liquide), avec son réchaud, et chaque convive fait cuire lui-même sa nourriture. Il ne faut pas oublier de couper les denrées en morceaux très petits et minces.

Cuire dans le liquide
Pour la cuisson dans du liquide, il faut veiller au temps exact de cuisson des aliments, qui ne devront être ni trop ni insuffisamment cuits. Il faut préserver les saveurs. Si le liquide bout trop, il suffira d'ajouter un peu d'eau froide; on pourra ainsi contrôler la chaleur. On utilisera le jus pour confectionner des coupes et des sauces.

Cuire d'abord à l'eau, puis faire sauter
Ce mode de cuisson est quelque peu longuet. Cependant, le mélange des deux manières confère aux aliments un petit quelque chose. Ils doivent se trouver presque en bouillie à l'intérieur (c'est-à-dire fondre sur la langue), mais rester fermes et croquants à l'extérieur.

Cuire à la vapeur
Vous connaissez déjà la marmite destinée à cet usage. On la place dans le wok, dans lequel on met un peu d'eau. On distingue la cuisson avec le couvercle et la cuisson sans couvercle. Un principe, toutefois, vaut pour les deux méthodes: il faut, au préalable, blanchir rapidement à l'eau bouillante les aliments. Ainsi, les pores se referment, et les bactéries ou les germes sont détruits.

Cuire à la poêle, puis à la vapeur
On fait d'abord frire les aliments à l'huile afin qu'ils aient une croûte. La cuisson à la vapeur leur donne ensuite le moelleux tant appréciée des Chinois. Essayez cette méthode, vous serez enthousiasmés! On aromatise l'eau avec quelques condiments; la vapeur imprègne les aliments de cet arôme.

Marinade crue
Peut-être cette préparation est-elle un tantinet exotique pour un palais occidental, bien que des chefs renommés d'Europe l'aient depuis longtemps découverte. On fait mariner dans de l'alcool de la viande ou du poisson coupés en très petits morceaux. On ajoute de la sauce de soja, de l'ail, de l'huile et d'autres condiments. On laisse macérer le mélange au moins une nuit. On sert les aliments crus.

Cuisson lente
On laisse cuire très lentement les aliments dans une eau qui ne doit pas bouillir. On se contentera de mouiller d'eau bouillante les aliments qui cuisent très vite et on les servira aussitôt. Avec cette méthode, les pores se referment, et des légumes coupés fin, par exemple, restent fermes et croquants.

Fumage
Cette méthode n'a pas grand-chose à voir avec le fumage pratiqué en Occident. On dispose les aliments sur une grille à l'intérieur d'une casserole, dont on a saupoudré le fond de sucre brun. On ferme ensuite la casserole de façon hermétique, afin que la fumée qui se dégage pénètre bien dans les aliments.

Ingrédients et condiments de base

Les produits cités ci-après font partie intégrante de la cuisine chinoise. Les Européens leur trouvent parfois un goût un peu étrange. Nous n'avons pas utilisé, dans les recettes, certains de ces ingrédients et épices; toutefois, si vous pouvez vous les procurer, n'hésitez pas à les employer. Toute latitude sera alors laissée à votre imagination pour incorporer ces produits savoureux dans les recettes. Ils constituent des variantes ou des compléments de tout premier choix, dont sera reconnaissant tout gourmet.

Abalones
Ces holothuries sont un mets fin particulièrement apprécié en Chine. Il est très difficile de se procurer des abalones frais en Europe, et ils coûtent un prix fou. Dans le commerce, on trouve des abalones en conserve, mais plus fréquemment et presque partout des abalones déshydratés. Il faut les laisser tremper toute la nuit, puis les faire à peine cuire, sinon ils deviennent légèrement coriaces.

Ailerons de requin
On connaît en Europe le potage aux ailerons de requin, que l'on considère comme un mets raffiné. Mais les Chinois apprécient davantage encore les tendrons séchés de la partie supérieure de l'aileron. La préparation en est fort longue; le résultat, cependant, justifie qu'on essaie!

Algues
On trouve diverses variétés d'algues dans le commerce, que ce soit du plancton ou du varech, la plupart du temps sous forme déshydratée. On les utilise pour les soupes et les sauces, ou en légumes. Il faut, au préalable, les mettre à tremper.

Anis étoilé
L'anis étoilé provient du badanier, arbuste à feuilles persistantes, et a la forme d'une petite étoile. Très fin de goût, on l'utilise surtout cuit. Concassé ou moulu, l'anis étoilé confère aux plats de viande et de légumes une note spécifique. Il se prête bien aussi à la préparation d'essence, de liqueurs et autres boissons alcoolisées.

Bourgeons de lis
On fait, la plupart du temps, sécher ces bourgeons d'une variété de lis. On les fait tremper à l'eau avant de les mettre dans les plats, où ils développent un arôme délicat. On ne les emploie qu'en petite quantité.

Champignons déshydratés
On apprécie beaucoup en Europe les champignons chinois déshydratés. Il en existe plusieurs variétés. Les plus connus sont les champignons noirs, ou «oreilles de chat». On les appelle également «morilles chinoises», mais elles n'ont rien à voir avec celles d'Europe. Il y a encore le champignon de paille (tongou).

Glutamate ou vet sin
Dans la cuisine chinoise, cette poudre blanche est un renforçateur de goût, qui doit relever l'arôme spécifique de chaque ingrédient. Toutefois, on n'utilise le glutamate qu'avec parcimonie, car, en trop grande quantité, il ne convient pas aux mets délicats.

Lotus
On utilise plusieurs parties du lotus. Les racines, les feuilles et les graines se vendent surtout séchées dans le commerce. On peut employer le lotus avec n'importe quel plat de viande ou de légumes.

Mélange d'épices
On trouve plusieurs sortes de mélanges d'épices. Le clou de girofle, la menthe, l'anis étoilé, la coriandre, le cumin, le gingembre ou le cucurma, le poivre, le zeste de mandarine, les graines

de fenouil ou de sésame en sont les principaux éléments. Cherchez, dans une épicerie chinoise, le mélange qui vous plaira le mieux. Il est naturellement plus simple de préparer soi-même son propre mélange.

Nouilles de riz
Ces nouilles sont fort appréciées en Chine; on les fabrique à partir de farine de haricot ou de riz. On peut les faire cuire de deux façons. Dans l'huile bouillante, elles seront croustillantes; trempées dans l'eau puis cuites à peine, on les emploiera pour les soupes et les sauces.

Poisson séché
Seiche, différents poissons ou crevettes sont très recherchés dans la cuisine chinoise. Le poisson séché donne aux plats une saveur prononcée, et, pour les palais occidentaux, les mets n'en sont que plus exotiques.

Poivre de Séchouan
On obtient ce poivre à partir d'une baie rouge, à l'arôme très fort. Il faut d'abord faire légèrement griller le poivre de Séchouan dans une poêle, afin qu'il développe pleinement son arôme. Les baies moulues seront ensuite mises dans un poivrier et, selon le goût, assaisonneront les mets.

Quelques légumes de base

L'art de la cuisson des légumes a atteint, en Chine à la quasi-perfection. La cuisson des légumes est non seulement soumise à un rituel religieux, elle a aussi une longue tradition. Bien avant que la cuisine moderne ne proclame une nouvelle conscience alimentaire, les légumes frais et croquants étaient les composantes obligées du repas chinois. Il n'est donc pas étonnant que les légumes soient cuits ou présentés avec pratiquement tous les plats. La clé de la réussite: une cuisson à point. Il convient donc de préparer soigneusement les légumes. Crus, on ne les prépare guère. La cuisine chinoise ignore quasiment la salade; elle connaît bien, en revanche, les plats de légumes froids, que l'on sert ainsi que la salade en Europe. On trouve dans la cuisine chinoise presque tous les légumes existant en Europe. Les poivrons, les carottes, les brocolis, le choufleur, les choux de Bruxelles et les asperges, pour n'en citer que quelques-uns, ont la même faveur de la part du chef chinois que de son confrère européen. Cependant, la liste ci-après répertorie quelques variétés moins employées en Europe.

Céleri-branche
Depuis fort longtemps déjà, la cuisine occidentale apprécie, elle aussi, ce légume. Il est apparenté au céleri-rave, mais ne forme pas de tubercule; on n'en consomme que les tiges blanchies. En raison de sa tendreté, on le coupe très fin avant de le faire cuire rapidement.

Choux
Citons le chou de Chine, mais aussi le chou frisé, le choufleur, le chou blanc et le chou rouge. Ces légumes sont préparés dans des variantes extrêmement raffinées, ou utilisés comme composante de plats à part entière.

Germes de soja
Les germes de soja sont le légume chinois par excellence. Que ce soit les pousses de soja, l'huile de soja, la sauce de soja, la farine de soja ou les haricots de soja (et la liste est loin d'être close!), il n'est guère de plat qui ne soit préparé avec un produit fabriqué à partir de cette plante. Par ailleurs, les savants ont depuis longtemps reconnu les vertus des germes de soja. Ils contiennent, comme la viande, un pourcentage élevé d'albumine, un tiers d'hydrates de carbone ainsi que des sels minéraux et des vitamines, fort précieux.

Gingembre
Le gingembre est considéré comme un légume dans la cuisine chinoise. On n'utilise toutefois, dans ce cas, que le jeune gingembre frais. Plus vieux, on le râpe fin et il sert à assaisonner les mets. On ne l'emploie qu'avec précaution, en raison de sa saveur très prononcée.

Oignons nouveaux
La cuisine occidentale, elle aussi, connaît et apprécie les oignons nouveaux. Dans la cuisine chinoise, ils jouent un rôle à peu près identique à celui du soja. On les trouve sur les marchés en petites bottes de 4 à 6 oignons. Il ne faut pas oublier d'utiliser également la partie verte.

Petits pois doux
On accommode cette variété de pois dès après la récolte. On fait cuire les petits pois avec la cosse, c'est un véritable délice! En Occident, on les trouve surtout au printemps, et les gourmets ont tôt fait de les faire disparaître!

Poivrons et piments
On trouve deux sortes de piments: les petites gousses au goût fort, connues sous le nom de peperoni ou de chili, et les poivrons, ou piments doux. On aime les deux variétés dans la cuisine chinoise; on utilise les deux dans de nombreux plats, les uns pour «pimenter», les autres en légumes.

Pousses de bambou
Il s'agit des toutes jeunes pousses du bambou, que l'on récolte deux fois par an. En Chine, on trouve toute l'année sur les marchés des pousses de bambou fraîches; en Europe, on les achète généralement en conserve. On coupe les pousses de bambou en dés, en fines rondelles ou en lamelles. On les apprécie comme garniture avec les plats de viande, de poisson et de volaille.

Fruits exotiques

Depuis quelque temps, on trouve chez les marchands de fruits et légumes d'Europe de plus en plus de produits exotiques. Peu, parmi nous, savent de quels fruits il s'agit exactement. Toutefois, une chose est sûre: tous ces fruits sont délicieux et enrichissent tous les menus. Dans la cuisine chinoise, nombre de ces produits exotiques sont d'un usage courant.
Les Occidentaux, n'en doutons pas, en connaissent quelques-uns – ainsi les kiwis, les melons, les mandarines et les oranges. Mais, en toute honnêteté, sait-on impromptu ce que sont les kumquats, les chérimoles, les litchis ou les kakis? Notre dessein n'est pas de faire un cours sur les fruits «exotiques», mais de décrire brièvement certains d'entre eux, particulièrement adaptés à un menu chinois. On trouve quelques-uns d'entre eux toute l'année en Occident; cependant, la saison principale pour la plupart de ces fruits sont les mois de décembre, de janvier et de février.

Chérimole
Ce fruit en forme de cœur est remarquable par ses grosses écailles; sa couleur va du vert tendre au brun. Les chérimoles ont de très nombreux pépins brun foncé. Leur saveur rappelle celle de la poire ou de la mangue.

Grenade
Ce fruit ressemble à une pomme rouge anguleuse. L'écorce est très dure. Avant de le manger, il faut le faire rouler de côté et d'autre par une légère pression, puis le couper en deux avant de l'évider à l'aide d'une cuiller à café. On peut manger les pépins, ou presser le fruit. La grenade compte parmi les meilleurs fruits du monde. Dans la composition de desserts ou de boissons mélangées, elle a conquis une place inexpugnable.

Kaki
Ce fruit, à l'écorce lisse et brillante, a l'aspect d'une tomate jaunâtre. La pulpe, tendre et sucrée, a un léger goût de vanille. Tantôt le kaki fait penser au coing, tantôt il rappelle davantage l'abricot ou la poire. Il ne faut pas utiliser d'agents aromatiques trop forts avec le kaki, sous peine de faire disparaître son arôme spécifique précieux.

Kiwi
Le kiwi est originaire de Chine. Aujourd'hui encore, on le désigne sous le terme de «groseille à maquereau chinoise», ce qui

n'est pas si faux compte tenu de sa saveur. Au vrai, la base de sa saveur est un mélange de melon, de groseille à maquereau et de fraise. Le fruit lui-même est de la grosseur d'un œuf, la pulpe est verte, l'écorce brunâtre, avec de petites villosités. La façon la plus simple de manger un kiwi consiste à la couper en deux et à l'évider à l'aide d'une cuiller à café.

Kumquat
Le fruit a l'aspect d'une minuscule orange. C'est un citron, prisé en raison de sa saveur âpre et sucrée. On l'emploie surtout pour accommoder les plats de bœuf et de poisson. On le coupe habituellement en tranches, avec l'écorce, qui est fine. Le kumquat, lui aussi, est originaire de Chine.

Litchi
De la taille d'une noix, le litchi a une écorce brun-rouge et coriace. Le noyau a la taille d'un gland, la pulpe est blanchâtre. Le fruit a un goût de griotte. Dans le commerce, on trouve les litchis en conserve ou frais, au printemps.

Mangue
Le fruit, piriforme, de couleur jaune ou rouge, est originaire de l'Inde. La peau est coriace, le noyau, gros, est étroitement imbriqué dans la pulpe. Il convient de peler la mangue avec soin, puis de découper la pulpe autour du noyau à l'aide d'un couteau.

Papaye
Le fruit, ovoïde, a la grosseur d'une mangue. La peau est verte ou vert-jaune. On doit peler le fruit, puis le couper en deux et ôter les nombreux pépins bruns avec une cuiller à café. Coupée en tranches, on consomme la papaye en légumes ou comme fruit de dessert.

Sauces

En Chine, le moindre plat, fût-il le plus simple, se sert avec les célèbres sauces piquantes. On y trempe presque chaque bouchée avant de la porter à la bouche. Certaines d'entre elles sont faites maison, mais la ménagère chinoise achète la plupart en bouteille ou en conserve. On trouve, en Occident, la quasi-totalité de ces sauces prêtes à l'emploi. Les boutiques bien approvisionnées ont les sauces de base, telles la sauce hoi sin, la sauce d'huîtres, la sauce de crevettes, ainsi que les diverses pâtes (la pâte de soja jaune ou noire et la pâte de sésame, pour n'en citer que quelques-unes). Les sauces employées dans la cuisine chinoise que l'on connaît le mieux sont la sauce de prunes et, bien évidemment, la sauce de soja. A partir de ces diverses sauces, la ménagère peut se livrer à des improvisations de dernière minute. Nous vous présentons quelques sauces maison, aux recettes plus adaptées au goût occidental.

Huile de chili
Faire griller, dans une poêle, des piments frais ou secs avec de l'huile pendant 5 à 10 minutes. Filtrer l'huile et la mettre dans une bouteille. N'utiliser qu'avec parcimonie, l'huile est très forte.

Sauce d'ail épicée
Passer au mixer 4 oignons nouveaux et 6 gousses d'ail avec ½ tasse de jus d'orange et ½ tasse de vin blanc. Assaisonner pour finir de sel, de sauce de soja, de sucre et d'huile de chili.

Sauce d'ail aigre-douce
Concasser 5 gousses d'ail avec du sel jusqu'à obtention d'une pâte et mélanger avec 1 tasse de confiture d'abricots. Relever avec 6 cuillerées à soupe de vinaigre, 1 pointe de gingembre, 1 cuillerée à café de curry et quelques gouttes de sauce de soja.

Sauce de gingembre
Hacher très fin 4 tubercules de gingembre au sirop et mélanger avec ½ tasse de miel, 2 cuillerées à soupe de jus de tomate, 4 cuillerées à soupe de vinaigre et 4 cl de jerez. Assaisonner de sel, de poivre, de quelques gouttes d'huile de chili et d'un peu de sauce de soja.

Sauce de moutarde forte
Mélanger 4 cuillerées à soupe de moutarde forte, 4 cuillerées à soupe de sauce de prunes, 2 cuillerées à soupe de jus de tomate et ½ tasse de sauce de soja. Ajouter sel, poivre et quelques gouttes d'huile de chili.

Sauce à la ciboulette
Réduire en purée 1 botte de ciboulette et 1 oignon avec 1 tasse de jerez. Assaisonner de 2 cuillerées à soupe de sauce hoi sin, 1 cuillerée à café de sucre, de sel et de poivre de Séchouan.

Sauce de crevettes
Réduire en purée 50 g de crevettes et 2 oignons nouveaux avec 2 cuillerées à soupe de vinaigre et le jus d'une orange. Ajouter 2 cuillerées de confiture d'abricots et 4 cl de jerez. Assaisonner de sel, de poivre et de sauce de soja.

Sauce de datte et de gingembre
Réduire en purée 100 g de dattes dénoyautées avec 3 tubercules de gingembre confits au sirop, 3 cuillerées à soupe de vinaigre et ½ tasse de vin blanc. Assaisonner de poudre de gingembre, de 2 gousses d'ail broyées avec du sel, d'huile de chili et d'un peu de mélange cinq-épices.

Sauce d'herbes
Réduire en purée 1 oignon avec 4 cl de jerez; mélanger ½ pot de crème fraîche. Incorporer 2 cuillerées à soupe de ciboulette, 2 cuillerées à soupe de persil et 2 cuillerées à soupe de citronnelle. Assaisonner de sel, de poivre, d'une pincée de sucre et de sauce de soja.

Sauce d'anchois
Réduire en purée 1 oignon, 1 petit rouleau de câpres et 8 anchois roulés avec le jus d'une orange. Assaisonner de sel, de poivre et d'une pincée de sucre. Ajouter 1 pot de yaourt et 2 cuillerées à soupe de sauce de prunes. Incorporer 4 cuillerées à soupe de cresson frais avant de servir.

Sauce de curry
Réduire en purée 2 tranches d'ananas; mélanger 2 cuillerées à soupe de vinaigre, 1 pot de crème aigre et 2 cuillerées à soupe de moutarde demi-forte. Assaisonner de sel, de poivre, de sauce de soja, d'ail en poudre, de gingembre en poudre et de curry.

Sauce de cacahuètes
Réduire en purée 100 g de cacahuètes salées avec 1 tasse de vin blanc; mélanger ½ pot de crème fraîche. Assaisonner de sel, de poivre de Séchouan, de sauce de soja et de quelques gouttes d'huile de chili. Incorporer de la ciboulette fraîchement coupée avant de servir.

Sauce de légumes
Eplucher, laver et couper en très petits dés 1 carotte, 2 oignons nouveaux et 1 poivron rouge. Mélanger avec 1 pot de crème aigre, 4 cuillerées à soupe de sauce de soja, 2 cuillerées à soupe de gelée de groseille, 2 cuillerées à soupe de vinaigre et 4 cl de jerez. Assaisonner de sel, de poivre et de quelques gouttes d'huile de chili.

Sauce de jambon et de crevettes
Hacher très fin 50 g de jambon, 50 g de crevettes et 1 petite boîte de champignons. Mélanger ½ pot de crème fraîche et 1 pot de yaourt. Assaisonner de sel, de poivre, de sauce hoi sin et de sucre. Incorporer 1 bouquet de ciboulette avant de servir.

Sauce à l'eau-de-vie
Mélanger 1 pot de crème fraîche avec 2 cuillerées à soupe de gelée de citron et 2 cuillerées à soupe de vinaigre. Assaisonner de sel, de poivre et de sauce de soja. Aromatiser généreusement d'eau-de-vie.

Sauce de feu
Couper en très petits dés ou hacher 1 poivron et 1 oignon; ajouter 1 pot de yaourt, 2 cuillerées à soupe de jus de tomate et ½ pot de crème; mélanger. Assaisonner d'huile de chili, de sel, de poivre de Séchouan, de sauce de soja et d'une pincée de sucre. Ajouter du persil fraîchement haché avant de servir.

Manger avec des baguettes

On ne s'improvise pas «maître des baguettes . . .» il est donc nécessaire que les mains inexpérimentées pratiquent l'exercice ci-après. Qui maîtrise parfaitement cette technique prendra grand plaisir à manipuler ces instruments, et il est agréable de donner des baguettes à ses convives lors d'un repas chinois. Mais pour que le succès soit assuré, il faut être soi-même un hôte ou une hôtesse expert, capable d'initier ses invités.
Les baguettes, par ailleurs, permettent de joindre l'utile à l'agréable; avec elles, on ne mange jamais aussi vite qu'avec une cuiller ou une fourchette. Elles obligent à manger plus lentement et, par conséquent, à mieux mastiquer chaque bouchée. Toutefois, si l'on préfère y renoncer, l'usage de la cuiller et de la fourchette ne constituera pas une faute de style gravissime.
Quittons la théorie pour passer à la pratique. Prenez deux baguettes dans la main . . . c'est parti! On place l'extrémité épaisse de la première baguette dans le creux formé entre le pouce et l'index; on la maintient grâce à l'auriculaire et à l'annulaire. La deuxième phase de l'opération consiste à tenir la seconde baguette entre le pouce et l'index, en la faisant reposer sur le majeur. La baguette supérieure doit pouvoir se mouvoir librement, afin de permettre la prise des aliments. On pourra s'entraîner avec des boîtes d'allumettes ou tout autres objets de petites dimensions. Il faut veiller à ce que les baguettes conservent une longueur égale. C'est tout simple. Et maintenant, cent fois sur le métier . . .

Le thé

Nous n'avons pas encore parlé de ce que boivent les Chinois. Pourtant, une des boissons les plus connues du monde vient de Chine: le thé. A l'époque des découvertes, ce breuvage miraculeux fut introduit en Europe. En Chine, le thé fait partie intégrante de la vie quotidienne. Qu'on le boive pour étancher sa soif ou à usage médicinal, il reste un produit précieux, que les Chinois placent au-dessus de tout. Les premiers traités sur le thé remontent à plus de mille ans. La légende en attribue la découverte à un empereur qui, alors qu'il se promenait dans un jardin, a bu une tasse d'eau chaude, dans laquelle est tombée une feuille de théier. Force fut à l'empereur de constater que ce breuvage était un nectar. Il est certain, en tout cas, que ce breuvage extrêmement populaire est autant apprécié en Orient qu'en Occident. Il en existe différentes qualités. Le thé vert ou thé non fermenté ainsi que le thé noir ou thé fermenté appartiennent au haut de gamme. Viennent ensuite le thé demi-fermenté, de qualité légèrement inférieure, mais non moins bonne, puis les nombreuses variétés parfumées, aromatisées ou fumées. On établit encore des distinctions en fonction de la taille et de l'aspect des feuilles. C'est ainsi qu'on a l'orange pekoe, le flowery orange pekoe, le flowery broken orange pekoe, l'orange fannings et le thé en poudre, pour n'en citer que quelques-uns. L'amateur de thé a ses propres règles pour préparer le breuvage. Il faut compter 1 cuillerée à café de feuilles par tasse. Pour que l'arôme se développe pleinement, on mouille d'eau frémissante et laisse infuser 2 minutes. On verse ensuite le reste d'eau, on laisse infuser 3 autres minutes, puis on transvase dans une théière préchauffée. La qualité de l'eau, elle aussi, joue un rôle important. L'eau calcaire ne convient pas au thé, on doit lui préférer de l'eau minérale plate. Si les amateurs boivent leur thé sans sucre, ce n'est pas un hérésie que de le sucrer. On pourra essayer diverses sortes de sucre candi, c'est une pure merveille! Je terminerai ce petit cours sur le thé par un proverbe chinois: «Le thé éveille le bon sens et les pensées sages, il excite et apaise tout à la fois l'esprit».

Hors-d'œuvres et en-cas

Les Chinois, en fait, n'ont pas l'habitude de servir ces préparations en hors-d'œuvre. Les maisons de thé ou les échoppes des marchands des rues les offrent toute la journée durant. Nul doute que vous grignoterez ces mets copieux entre les repas. Qu'ils soient sucrés, aigres, piquants ou forts, on n'y résiste pas.

Amuse-gueule enrobés de pâte

C'est surtout à Hongkong que les petits restaurants ou les marchands des rues offrent cette spécialité cantonaise. Il s'agit de croquettes faites de farine de blé ou de riz, dont il existe plus de cent variantes. Cuits à la vapeur sur des baguettes de bambou tressé, frits, sautés ou cuits dans du bouillon, garnis de farces diverses et présentés dans des formes pleines de fantaisie, les dim sum sont une tentation permanente. Nous vous donnons ci-après 3 recettes de pâte de base, que vous pourrez farcir à votre goût.

Pâte à la levure

Ingrédients pour 4 personnes

1/8 l d'eau
1/8 l de lait
1 petit paquet de levure
1 cuillerée à soupe de sucre
1 pincée de sel
400 g de farine de blé
1 cuillerée à soupe d'huile de sésame

Comment procéder:

Mettre à chauffer dans une casserole l'eau et le lait; le mélange doit être tiède. Oter la casserole du feu; ajouter la levure. Ajouter le sucre et le sel. Laisser reposer 5 minutes, pour que la levure se dissolve bien. Ajouter la farine et l' huile de sésame et travailler le mélange jusqu'à obtention d'une pâte. Couvrir et laisser reposer environ 1 heure dans un endroit chaud. Pétrir vigoureusement la pâte; laisser reposer 30 autres minutes. Pétrir une nouvelle fois la pâte et l'étendre au rouleau sur un plan de travail saupoudré de farine, en lui donnant ½ cm d'épaisseur. Découper la pâte selon la forme souhaitée. Farcir et mettre à cuire.

Pâte de nouilles aux œufs

Ingrédients pour 4 personnes

300 g de farine de blé
1 pincée de sel
1 œuf
1 tasse d'eau
1 cuillerée à soupe d'huile de sésame

Comment procéder

Tamiser la farine dans un plat. Saler légèrement. Ajouter l'œuf, l'eau et l'huile et travailler le mélange jusqu'à obtention d'une pâte souple. Etendre sur un plan de travail saupoudré de farine, le plus mince possible. Découper la pâte selon la forme souhaitée. Farcir et mettre à cuire.

Pâte de nouilles

Ingrédients pour 4 personnes

300 g de farine de blé
1 pincée de sel
1 tasse d'eau

Comment procéder:

Tamiser la farine dans un plat. Ajouter le sel et l'eau; travailler jusqu'à l'obtention d'une pâte. Mettre la pâte au réfrigérateur. Laisser reposer une bonne heure. Pétrir une nouvelle fois la pâte. Former une saucisse de 4 cm d'épaisseur. A l'aide d'un couteau, couper la pâte en tranches, puis étendre très mince. Farcir selon le goût et faire cuire.

xia rou bao

Beignets aux crevettes

Ingrédients pour 4 personnes

voir recette de la pâte de nouilles page 25

Pour la garniture:

1 kg de crevettes crues
4 cuillerées à soupe d'huile d'arachide
2 cuillerées à soupe de sauce d'huîtres
2 cuillerées de jerez
1 cuillerée à café de sel
½ cuillerée à café de glutamate
1 cuillerée à café de fécule
½ tasse de bouillon de poule froid
250 g de chou de Chine

Comment procéder:

Préparer la pâte de nouilles. La couper en forme de rectangle. Laver les crevettes, les décortiquer. Nettoyer la chair. Hacher la chair menu. Faire chauffer l'huile d'arachide dans une poêle. Ajouter la chair des crevettes et bien faire revenir. Ajouter la sauce d'huîtres et le jerez. Assaisonner de sel et de glutamate. Délayer la fécule avec le bouillon de poule et lier les crevettes avec. Ajouter le chou de Chine épluché, lavé et coupé en très petits morceaux. Remuer. Oter la poêle du feu et mettre à refroidir. Répartir le mélange sur le rectangle de pâte. Rouler en laissant dépasser un bord de 1 cm. Entrer les extrémités du rouleau l'une dans l'autre et presser fermement. Faire cuire à la vapeur ou dans du bouillon.

LE TRUC DU CHEF

La sauce d'huîtres, même en Chine, n'est pas faite maison. On l'achète dans des boutiques. Elle se compose d'extrait d'huîtres, d'amidon, de riz gluant, de sel, de sucre et de diverses autres épices. De saveur légèrement sucrée, elle n'a pas un goût aussi prononcé que la sauce de soja. On l'utilise pour la viande, la volaille et les légumes.

rou bao

Beignets de viande hachée

Ingrédients pour 4 personnes

voir recette de la pâte de nouilles page 25

Pour la garniture:

3 cuillerées à soupe d'huile de sésame
250 g de viande hachée
2 oignons nouveaux
2 gousses d'ail
1 cuillerée à café de sel
1 cuillerée à soupe de sauce de soja
½ cuillerée à café de cinq-épices
1 bouquet de ciboulette

Comment procéder:

Préparer la pâte de nouilles. La couper en forme de rectangle. Faire chauffer l'huile de sésame dans une poêle. Faire revenir la viande hachée sans cesser de remuer. Ajouter les oignons épluchés, lavés et coupés en fines lanières. Faire revenir rapidement. Ajouter l'ail finement broyé avec le sel. Assaisonner de sauce de soja et de cinq-épices. Oter du feu et laisser refroidir. Incorporer la ciboulette finement hachée. Répartir le mélange sur le rectangle de pâte. Enrouler et tourner les extrémités. Cuire à la vapeur ou faire frire dans la graisse.

jian zao rou bao

Beignets aux dattes et au gingembre

Ingrédients pour 4 personnes

voir recette de la pâte à la levure

Pour la garniture:

50 g de saindoux
250 g de dattes
100 g de tubercules de gingembre confits dans du sirop
100 g de cacahuètes salées
2 cuillerées à soupe de vinaigre
1 pointe de gingembre en poudre
½ cuillerée à café de curry
1 pincée de sel

Comment procéder:

Préparer la pâte à la levure et la découper en carrés. Faire fondre le saindoux dans une casserole. Faire revenir rapidement les dattes dénoyautées et pilées, ainsi que le gingembre coupé en petits morceaux. Mettre dans un plat et laisser refroidir. Pendant ce temps, réduire les cacahuètes en purée. Ajouter aux fruits et mélanger jusqu'à obtention d'une pâte. Assaisonner de vinaigre, de gingembre en poudre, de curry et de sel. Mettre 1 cuillerée à café de farce sur chaque carré de pâte. Fermer les carrés. Faire cuire à la vapeur ou faire frire.

Rouleaux de crêpes

Ces rouleaux sont sans doute plus connus en Occident sous le nom de «rouleaux de printemps». Là aussi, pâte et garniture sont diverses. Cependant, ces rouleaux ont tous un point commun: on les fait toujours frire. On distingue les rouleaux de crêpes, les rouleaux aux œufs et, moins connus, les rouleaux de printemps confectionnés avec de la pâte de nouilles. Il est difficile de croire qu'un plat de pauvres soit devenu une spécialité universellement réputée. Pourtant, ce sont peut-être la simplicité de la préparation et la latitude de varier la garniture qui ont assuré aux rouleaux de printemps leur succès triomphal.

chun juan

Rouleaux de crêpe au poulet et aux germes de soja

Ingrédients pour 4 personnes

Pour la pâte:

200 g de farine de blé
2 tasses de lait de soja
3 œufs
1 pincée de sel
huile d'arachide pour la friture

Pour la farce:

2 blancs de poulet
2 cuillerées à soupe d'huile d'arachide
2 oignons nouveaux
200 g de germes de soja
50 g de champignons chinois
3 cuillerées à soupe de sauce hoi sin
1 cuillerée à café de fécule
1 tasse de bouillon de poule
1 pointe de chili en poudre
½ cuillerée à café de sel
un peu de glutamate

En outre:

1 jaune d'œuf
de la matière grasse pour la friture

Comment procéder:

Pour la pâte: mélanger intimement dans un saladier la farine, le lait de soja et les œufs. Saler légèrement. Faire chauffer l'huile d'arachide dans un poêle. Verser peu à peu la pâte dans la poêle. Faire cuire la crêpe, puis la tenir au chaud. Couper les blancs de poulet en fines lamelles. Faire chauffer l'huile d'arachide dans une autre poêle. Faire bien revenir la viande pendant 1 minute sans cesser de remuer. Ajouter les oignons épluchés et coupés en lamelles, les germes de soja égouttés et les champignons coupés fin. Laisser cuire le tout 1 minute. Ajouter la sauce hoi sin. Délayer la fécule avec le bouillon de poule et lier. Ajouter le chili en poudre, le sel et le glutamate. Répartir la préparation sur la crêpe. Rabattre d'abord l'extrémité inférieure de la crêpe sur la farce. Rabattre dessus les côtés droit et gauche, puis enduire de jaune d'œuf. Rouler. Faire cuire à la poêle ou dans la friture.

xia zhurou danjun

Rouleaux aux œufs farcis au porc et au crabe

Ingrédients pour 4 personnes

Pour la pâte:

200 g de farine
4 œufs
env. 1 tasse d'eau
1 cuillerée à café de sel
1 cuillerée à soupe d'huile d'arachide

Pour la farce:

250 g de porc maigre
3 cuillerées à soupe d'huile d'arachide
250 g de crabe ou de crevettes
1 poivron rouge
2 oignons nouveaux
2 cuillerées à soupe de pâte de sésame
2 cuillerées à soupe de sauce de soja
½ cuillerée à café de sel
1 pincée de glutamate
1 bouquet de ciboulette

En outre:

1 jaune d'œuf
de la matière grasse pour la friture

Comment procéder:

Mélanger la farine, les œufs et l'eau dans un saladier. Travailler l'ensemble jusqu'à obtention d'une pâte. Saler; ajouter l'huile d'arachide. Verser peu à peu la pâte dans la poêle. Faire cuire la crêpe et la tenir au chaud. Couper le porc en fines lamelles.

Faire chauffer l'huile dans une poêle. Bien faire revenir la viande pendant 1 minute sans cesser de remuer. Ajouter le crabe (ou les crevettes) et les légumes épluchés et coupés en petits dés. Laisser cuire 1 minute à feu vif. Ajouter la pâte de sésame et la sauce de soja. Assaisonner de sel et de glutamate. Retirer du feu. Ajouter la ciboulette finement coupée. Laisser refroidir. Répartir la farce sur la crêpe. Enduire les bords de jaune d'œuf et rouler la crêpe comme indiqué dans la recette précédente. Faire sauter ou frire.

dan chun juan

Rouleaux de nouilles aux œufs farcis aux légumes

Ingrédients pour 4 personnes

voir recette de la pâte de nouilles aux œufs page 25

Pour la farce:

2 cuillerées à soupe d'huile de sésame
200 g de jambon cuit
1 botte d'oignons nouveaux
200 g de germes de soja
100 g de pousses de bambou
3 cuillerées à soupe de sauce de soja
1 pointe d'anis
½ cuillerée à café de sel
1 cuillerée à café de sucre
½ cuillerée à café de cumin moulu

Comment procéder:
Préparer la pâte; la découper en rectangles de grande taille. Pour la farce: faire chauffer l'huile dans une poêle et faire dorer le jambon coupé en fines lanières. Ajouter les oignons lavés et coupés en fines rondelles, ainsi que les germes de soja et les pousses de bambou coupés en lanières. Faire cuire brièvement. Verser la sauce de soja. Assaisonner de sel, de sucre, de cumin et d'anis. Oter du feu et laisser refroidir. Répartir la farce sur les rectangles de pâte et procéder comme indiqué page 30. Faire sauter ou frire.

zhen zhu wan

Boulettes de porc perlées

Ingrédients pour 4 personnes

1 tasse de riz rond
1 oignon
500 g de porc maigre
2 gousses d'ail
1 cuillerée à café de sel
2 tubercules de gingembre confites au sirop
1 bouquet de persil
1 œuf
2 cuillerées à soupe de fécule
1 cuillerée à café de paprika doux
1 cuillerée à café de curry
1 pointe de gingembre en poudre
sel
poivre blanc moulu
2 cl de jerez

Comment procéder:

Mettre le riz dans un saladier et laisser tremper environ 2 heures à l'eau froide. Bien égoutter et essuyer avec de l'essuie-tout. Hacher finement le porc. Broyer les gousses d'ail avec le sel jusqu'à obtention d'une pâte. Ajouter cette pâte à la viande, ainsi que le gingembre finement haché et le persil haché. Bien mélanger. Incorporer l'œuf et la fécule. Assaisonner de paprika, de curry, de sel et de poivre. Aromatiser de jerez. Se mouiller les mains. Former de petites boulettes. Rouler celles-ci en tous sens dans le riz, afin que ce dernier adhère à la viande. Placer sur un tamis dans la marmite à vapeur. Laisser cuire environ 30 minutes.

LE TRUC DU CHEF

On a déjà beaucoup parlé de la cuisson à la vapeur. Pourtant, je voudrais vous indiquer un ou deux «trucs». Il faut toujours aromatiser fortement le liquide de cuisson. Dans la cuisine européenne, certaines herbes, tels le romarin, le thym oũ la sauge, se prêtent particulièrement bien à cet usage. Par ailleurs, il est recommandé de placer les aliments à cuire dans un récipient qui va au feu afin de récupérer le jus qui se dégage au cours de la cuisson et de le servir avec les mets.

xiawan

Boulettes de crevettes

Ingrédients pour 4 personnes

400 g de crevettes décortiquées
100 g de porc maigre
50 g de cresson de fontaine
1 œuf
2 cuillerées de jerez
2 cuillerées à soupe de sauce d'huîtres
½ cuillerée à café de sel
1 cuillerée à café de sucre
½ cuillerée à café de glutamate
4 cuillerées à soupe de fécule

Pour la cuisson:

de la matière grasse pour la friture

Comment procéder:

Hacher finement ou passer à la moulinette les crevettes, le porc et le cresson. Mettre dans un saladier. Ajouter l'œuf, le jerez et la sauce d'huîtres. Travailler le tout jusqu'à obtention d'une masse homogène. Assaisonner de sel, de sucre et de glutamate. Lier avec la fécule. Former de petites boulettes et faire frire.

xia kao mian bao pian

Toasts aux crevettes

Ingrédients pour 4 personnes

400 g de crevettes
100 g de champignons chinois
1 bouquet de ciboulette
1 œuf
2 cuillerées à soupe de pâte de lotus (ou de pâte de noix)
2 cl de jerez
½ cuillerée à café de sel
½ cuillerée à café de sucre
½ cuillerée à café de glutamate
4 cuillerées à soupe de fécule

En outre:

4 tranches fines de pain blanc
2 œufs
1 tasse de chapelure
de la matière grasse pour la friture

Comment procéder:

Hacher très fin ou passer à la moulinette les crevettes et les champignons bien égouttés. Mettre dans un saladier. Ajouter la ciboulette finement coupée, l'œuf, la pâte de lotus et le jerez. Travailler le tout jusqu'à obtention d'une masse homogène. Assaisonner de sel, de sucre et de glutamate. Lier avec la fécule. Couper les tranches de pain en quatre. Enduire avec la fécule. Couper les tranches de pain en quatre. Enduire du mélange en couche régulière. Battre les œufs. Ajouter les morceaux de pain avant de les rouler dans la chapelure. Faire frire et servir aussitôt.

chao dan

Œufs brouillés

Ingrédients pour 4 personnes

250 g de porc maigre
3 cuillerées à soupe d'huile d'arachide
1 poivron rouge
1 botte d'oignons nouveaux
100 g de champignons chinois
2 cuillerées à soupe de sauce de soja
1 cuillerée à café de sucre
6 œufs
1 cuillerée à café de sel

Pour la garniture:

1 petite romaine
½ tasse de vinaigre de fruit
½ tasse d'huile d'arachide
quelques gouttes d'huile de chili
2 cl de jerez
poivre de Séchouan moulu

Comment procéder:

Couper le porc en fines lanières. Faire chauffer l'huile d'arachide dans une poêle. Faire bien revenir la viande tout en remuant. Ajouter le poivron et les oignons épluchés, lavés et coupés en lanières. Laisser cuire brièvement. Emincer les champignons bien égouttés. Les ajouter. Ajouter la sauce de soja et le sucre. Laisser cuire 1 minute sans cesser de remuer. Battre les œufs avec le sel; faire cuire dans la poêle. Oter du feu et tenir au chaud. Eplucher, laver et couper la romaine en lanières de 2 cm. Dresser la salade sur un plat. Mélanger le vinaigre de fruit, l'huile d'arachide et l'huile de chili. Aromatiser de jerez; ajouter un peu de poivre de Séchouan. Verser le tout sur la salade. Répartir les œufs brouillés sur la salade. Servir aussitôt.

LE TRUC DU CHEF

Dans la cuisine chinoise, on emploie surtout de l'huile pour la friture. On trouve facilement en Occident l'huile d'arachide, l'huile de sésame, l'huile de chili ou l'huile de maïs dans les supermarchés bien approvisionnés. Pour la friture il faut toujours utiliser des huiles au goût neutre.

xia chao bai cai

Salade de chou chinois aux crevettes

Ingrédients pour 4 personnes

1 chou de Chine de grosseur moyenne
1 botte d'oignons nouveaux
1 poivron rouge et 1 poivron vert
200 g de crevettes décortiquées
2 tubercules de gingembre confits au sirop
4 cuillerées à soupe d'huile de sésame

Pour la sauce:

½ tasse de vinaigre
2 tasses de bouillon de poule
1 cuillerée à soupe de moutarde en poudre
2 cuillerées à soupe de fécule
1 tasse de crème fraîche
1 cuillerée à café de sel
1 cuillerée à café de sucre
poivre de Séchouan moulu
2 cuillerées à soupe de vert de coriandre haché

Comment procéder:

Éplucher et laver le chou de Chine. Le couper en huit dans le sens de la longueur, puis en quatre dans le sens de la largeur. Éplucher et laver les oignons. Les couper en fines lanières. Éplucher et laver les poivrons. Les couper en fines lanières. Laver les crevettes sous l'eau froide. Essuyer. Hacher fin les tubercules de gingembre. Faire chauffer l'huile dans une poêle. Ajouter les légumes. Laisser glacer environ 3 minutes à feu moyen. Ajouter les crevettes et le gingembre. Laisser cuire brièvement. Délayer le vinaigre, le bouillon de poule, la moutarde en poudre, la fécule et la crème fraîche. Verser sur les légumes. Laisser cuire à petits bouillons jusqu'à ce que l'ensemble soit légèrement lié. Assaisonner de sel, de sucre et de poivre de Séchouan. Mettre dans des coupes. Parsemer de vert de coriandre avant de servir.

chao shu cai

Entrée de légumes

Ingrédients pour 4 personnes

2 carottes
1 céleri
1 botte de radis
100 g de pousses de bambou
4 tomates
1 laitue

Pour la sauce:

4 cuillerées à soupe d'huile de sésame
2 gousses d'ail
1 cuillerée à café de sel
2 tubercules de gingembre confits au sirop
4 cuillerées à soupe de vinaigre de fruit
3 cuillerées à soupe de sauce de soja
1 tasse de bouillon de poule
quelques gouttes d'huile de chili
1 cuillerée à soupe de glutamate
1 bouquet de ciboulette

Comment procéder:

Éplucher, laver et couper les carottes et le céleri en fines lanières. Faire rapidement blanchir à l'eau salée. Éplucher et laver les radis. Les couper, comme les pousses de bambou, en minces rondelles. Peler et épépiner les tomates. Les couper en fines lamelles. Éplucher et laver la laitue. Couper les feuilles en lanières. Mettre le tout dans un saladier. Mélanger avec précaution. Pour la sauce: faire chauffer l'huile dans une casserole. Ajouter l'ail broyé avec du sel et les tubercules de gingembre hachés. Laisser cuire. Ajouter le vinaigre de fruit, la sauce de soja et le bouillon de poule. Assaisonner d'huile de chili et de glutamate. Verser la sauce chaude sur la salade. Servir tiède, parsemé de ciboulette coupée.

xia cai

Langouste royale

Ingrédients pour 4 personnes

2 langoustes

Pour le bouillon:

2 l de bouillon de viande
¼ l de vinaigre
1 oignon
2 feuilles de laurier
quelques clous de girofle
2 branches de menthe
1 cuillerée à café d'anis

Pour les langoustes:

2 cuillerées à soupe d'huile d'arachide
200 g de bœuf haché
1 botte d'oignons nouveaux
1 poivron rouge
2 cuillerées à soupe de sauce d'huîtres
2 cuillerées à soupe de miel
4 cuillerées à soupe de vinaigre de fruit
1 cuillerée à café de sel
½ cuillerée à café de glutamate
quelques gouttes d'huile de chili
poivre blanc moulu

Comment procéder:

Laver les langoustes prêtes à cuire sous l'eau froide. Mettre dans une casserole le bouillon de viande, le vinaigre, les oignons pelés et les aromates. Porter à ébullition. Plonger les langoustes dans le bouillon. Laisser cuire 15-20 minutes à feu moyen. Sortir les langoustes. Les couper en deux, prélever la chair et la couper en tranches. Faire chauffer l'huile d'arachide dans une poêle. Faire bien revenir le bœuf haché. Ajouter les langoustes. Faire cuire brièvement. Ajouter les oignons et les poivrons épluchés, lavés et coupés en dés. Faire cuire brièvement. Ajouter la sauce d'huîtres le miel et le vinaigre. Assaisonner de sel, de glutamate, d'huile de chili et de poivre blanc. Garnir les moitiés de langouste. Servir aussitôt.

LE TRUC DU CHEF

Cette recette n'est pas bon marché. Il conviendra de la réserver pour les grandes occasions. Pour un menu de tous les jours, on pourra remplacer les langoustes par du crabe ou des crevettes.

la jiang zha xiarou

Langoustines sautées à la sauce au poivre

Ingrédients pour 4 personnes

24 langoustines non décortiquées
4 cuillerées à soupe d'huile d'arachide
1 botte d'oignons nouveaux
2 gousses d'ail
1 cuillerée à café de sel
1 boîte de germes de soja
2 cuillerées à soupe de miel
3 cuillerées à soupe de vinaigre
1 tasse de bouillon de poule
1 piment sec pilé
1 cuillerée à café de glutamate
1 cuillerée à café de fécule
4 cl de vin de riz

Comment procéder:

Nettoyer les langoustines sous l'eau; les essuyer. Faire chauffer l'huile d'arachide dans une casserole. Faire revenir les langoustines 4 minutes sans cesser de remuer. Ajouter les oignons épluchés, lavés et coupés en morceaux. Faire revenir brièvement. Ajouter l'ail broyé avec du sel et les germes de soja. Ajouter la sauce de soja, le miel et le vinaigre. Couvrir complètement de bouillon de poule. Ajouter le piment et le glutamate. Délayer la fécule avec le vin de riz. Lier la sauce. Porter à ébullition et servir aussitôt.

LE TRUC DU CHEF

Il est hélas difficile de se procurer des germes de soja frais. Il ne faut pas en manquer l'occasion, lorsqu'elle se présente, car les germes de soja frais ne sont pas comparables avec ceux que l'on achète en conserve.

tang cu pai gu

Côtelettes marinées

Ingrédients pour 4 personnes

2 kg de côtelettes découvertes
1 cuillerée à soupe de sel
poivre de Séchouan moulu

Pour la marinade:

2 oignons
2 gousses d'ail
1 cuillerée à café de sel
1 morceau de racine de gingembre
½ tasse de miel
4 cuillerées à soupe de sauce de soja
2 cuillerées à soupe de sauce hoi sin
4 cuillerées à soupe de vinaigre
2 cuillerées à soupe d'huile d'arachide
1 cuillerée à café de curry
1 cuillerée à café de paprika doux
1 bouquet de ciboulette

Comment procéder:

Faire couper par le boucher les côtelettes en morceaux de 3-4 cm (ou même hacher). Passer les côtelettes sous l'eau froide; les essuyer puis les mettre dans un plat. Les enduire généreusement de sel et de poivre. Pour la marinade: réduire les oignons en purée. Incorporer à l'ail broyé avec le sel. Mélanger pour obtenir une pâte. Eplucher et hacher la racine de gingembre. Ajouter à la pâte. Mélanger le reste des ingrédients; ajouter à la pâte. Verser sur les côtelettes. Mettre au réfrigérateur et laisser macérer toute la nuit. Placer sur la lèche-frites. Mettre dans le four préchauffé et laisser cuire 15-20 minutes à 200°C. Arroser souvent de marinade pendant la cuisson. Parsemer de ciboulette fraîchement coupés et servir.

LE TRUC DU CHEF

La sauce hoi sin est d'usage extrêmement courant dans la cuisine chinoise. Elle contient des haricots de soja, de l'huile de sésame, de l'ail, du piment, du sel et du sucre. Elle est épaisse, sucrée et forte. On l'utilise pour la cuisson ou comme sauce d'assaisonnement.

Riz et nouilles

Le riz est inséparable de la cuisine chinoise. Si la tradition lui a attribué de multiples fonctions, il doit d'abord neutraliser les diverses saveurs des mets, pour permettre au palais de percevoir le goût de chaque condiment ou de chaque ingrédient. Il en va différemment pour les nouilles; c'est un ingrédient, et elles accompagnent viande, poisson, volaille ou légumes dans les combinaisons les plus variées.

Le riz

Le riz est le pain quotidien de la Chine. C'est l'aliment de base essentiel des riches et des pauvres. On le prépare surtout de trois façons: à la vapeur, à l'eau et sauté (dans ce dernier cas, on le fait cuire préalablement à l'eau).

Qu'on le serve en bouillie légère au petit déjeuner, plus consistante au dîner, le riz préside à tous les repas chinois.

tang cu xia fan

Riz sauté aux crevettes aigres-douces

Ingrédients pour 4 personnes

2 carottes
1 botte d'oignons nouveaux
4 cuillerées à soupe d'huile d'arachide
200 g de crevettes
2 cuillerées à soupe de sauce de soja
2 cuillerées à soupe de sauce d'huîtres
3 cuillerées à soupe de vinaigre de fruit
1 cuillerée à café de sucre
3 œufs
1 cuillerée à café de sel
poivre de Séchouan moulu
300 g de riz cuit à l'eau

1 bouquet de ciboulette
2 cuillerées à soupe d'éclats d'amande

Comment procéder:

Eplucher, laver et couper les carottes et les oignons en petits dés. Faire chauffer l'huile d'arachide dans une poêle. Ajouter les légumes et les crevettes. Bien faire revenir de tous côtés. Verser la sauce de soja, la sauce d'huîtres, le vinaigre et le sucre. Laisser cuire à petits bouillons jusqu'à évaporation du jus. Battre les œufs. Saler et poivrer. Verser dans la poêle. Laisser cuire. Ajouter le riz. Faire chauffer en remuant sans cesse. parsemer de ciboulette fraîchement coupés et d'amandes. Servir aussitôt.

zheng huo tui fan

Riz au jambon cuit à la vapeur

Ingrédients pour 4 personnes

200 g de riz
3 cuillerées à soupe de sel
100 g de jambon cru
1 bòtte d'oignons nouveaux
1 poivron rouge
3 cuillerées à soupe d'huile d'arachide
100 g de petits pois (surgelés)

En outre:

1 bouquet de ciboulette
4 cuillerées à soupe de sauce d'huîtres

Comment procéder:

Faire cuire le riz 5 minutes dans de l'eau salée. Égoutter. Pendant ce temps, couper le jambon en dés. Éplucher, laver et couper le poivron ainsi que les oignons en petits dés. Faire chauffer l'huile d'arachide dans une poêle. Ajouter le jambon et les légumes. Faire cuire rapidement. Mélanger intimement les légumes, les petits pois et le riz. Verser dans des jattes en Pyrex. Recouvrir à peine le riz d'eau chaude légèrement salée. Prévoir des récipients suffisamment grands: le riz doublera de volume. Placer les jattes dans une marmite à vapeur. Laisser cuire 1 heure. Parsemer de ciboulette fraîchement coupée; verser 1 cuillerée à soupe de sauce d'huîtres par jatte. Servir aussitôt.

cai chao fan

Riz aux légumes

Ingrédients pour 4 personnes

200 g de céleri
1 botte d'oignons nouveaux
1 zucchini
1 poivron rouge
2 carottes
2 cuillerées à soupe d'huile d'arachide
1 cuillerée à café de sel
200 g de riz
env. ½ l de bouillon de poule
1 pointe d'anis moulu
2 cuillerées à soupe de vert de coriandre haché

Comment procéder:

Éplucher, laver et couper les légumes en petits dés. Faire chauffer l'huile d'arachide dans une poêle. Ajouter les légumes. Laisser glacer. Saler les légumes; ajouter le riz. Mouiller de ¾ l de bouillon. Porter le riz à ébullition; baisser le feu; couvrir et laisser cuire environ 8 minutes à petits bouillons. Verser du bouillon une nouvelle fois, de façon à couvrir à peine le riz. Ajouter l'anis. Couvrir et laisser cuire encore 5 minutes à petits bouillons. Éteindre le feu. Laisser reposer le riz 8 minutes. Parsemer de vert de coriandre et servir aussitôt.

Nouilles

La cuisine chinoise compose, avec les nouilles, des variations beaucoup plus riches que la cuisine italienne. Avec le riz, les nouilles sont un aliment de base en Chine; il n'est pas étonnant alors que l'amateur de nouilles se laisse convaincre par de nombreuses variantes. On distingue, dans la cuisine chinoise, les nouilles translucides, les nouilles aux œufs, les nouilles à la farine de riz et les nouilles à la farine de blé. Tout comme le riz, on cuit les nouilles préalablement à l'eau ou à la vapeur. Dans la mesure du possible, il est préférable de les faire cuire à la vapeur plutôt qu'à l'eau – la saveur des nouilles cuites à la vapeur est meilleure et plus prononcée.

rou chao mian

Nouilles sautées au porc et aux haricots verts

Ingrédients pour 4 personnes

50 g de champignons chinois
50 g de bourgeons de lis
1 botte d'oignons nouveaux
1 poivron rouge
250 g de haricots verts
250 g de porc maigre
4 cuillerées à soupe d'huile d'arachide
1 tasse de bouillon de poule
2 cuillerées à soupe de sauce de soja
2 cuillerées à soupe de sauce hoi sin
1 cuillerée à café de glutamate
1 cuillerée à soupe de fécule
1 cuillerée à soupe de sel
poivre de Séchouan moulu
2 cuillerées à soupe d'huile d'arachide
300 g de nouilles aux œufs cuites à l'eau
4 cl de vin de riz

Comment procéder:

Bien égoutter les champignons et les bourgeons de lis. Les couper ensuite en minces rondelles. Éplucher, laver et couper les oignons en morceaux de 3 cm de longueur. Couper le poivron en deux. Épépiner, laver et couper en lanières. Éplucher et laver les haricots verts. Les couper si besoin est. Couper le porc en tranches ultrafines. Faire chauffer l'huile d'arachide dans une grande poêle. Ajouter le porc, les bourgeons de lis et les champignons. Faire griller environ 3 minutes sans cesser de remuer. Ajouter les oignons et le poivron. Laisser cuire 2 minutes. Ajouter les haricots verts; ne laisser cuire qu'à peine. Mélanger le bouillon de poule, la sauce de soja, la sauce hoi sin, le glutamate, la fécule et le sel. Verser sur la viande et les légumes. Lier. Assaisonner de poivre de Séchouan. Ôter le tout de la poêle et tenir au chaud. Mettre à chauffer l'huile d'arachide dans la poêle. Ajouter les nouilles et faire sauter 2-3 minutes à feu moyen. Incorporer la moitié du mélange de viande aux nouilles; retirer de la poêle et dresser sur un plat. Mettre le reste du mélange dans la poêle; aromatiser de vin de riz; répartir sur les nouilles et servir aussitôt.

rou jiang mian

Nouilles de blé à la sauce de viande

Ingrédients pour 4 personnes

50 g de champignons chinois
1 oignon
1 carotte
1 petit poireau
4 cuillerées à soupe d'huile de plante
250 g de porc haché
½ cuillerée à café de racine de gingembre hachée
3 cuillerées à soupe de sauce hoi sin
2 cuillerées à soupe de sauce de soja
1 tasse de bouillon de poule
1 cuillerée à soupe de fécule
1 cuillerée à café de glutamate
1 cuillerée à café de sel
quelques gouttes d'huile de chili
400 g de nouilles de blé cuites à l'eau
1 bouquet de ciboulette

Comment procéder:

Bien égoutter et émincer les champignons. Éplucher, laver et couper les légumes en petits dés.

Faire chauffer l'huile dans une poêle. Bien faire revenir le porc haché sans cesser de remuer. Ajouter les champignons et les légumes. Laisser cuire brièvement. Incorporer la racine de gingembre, la sauce hoi sin et la sauce de soja. Mélanger le bouillon de poule, le fécule et le glutamate. Lier la viande. Assaisonner de sel et d'huile de chili. Ajouter les nouilles et laisser cuire 2 minutes. Parsemer de ciboulette fraîchement coupée et servir aussitôt.

fensi chao niurou

Nouilles translucides au bœuf et aux crevettes

Ingrédients pour 4 personnes

Pour les bœuf:

3 cuillerées à soupe d'huile d'arachide
200 g d'aloyau
1 cuillerée à café de gingembre haché
1 botte d'oignons nouveaux
100 g de germes de soja
3 cuillerées à soupe de sauce de soja
1 cuillerée à café de sucre
quelques gouttes d'huile de chili
½ cuillerée à café de sel

Pour les crevettes:

2 cuillerées à soupe d'huile de sésame
1 carotte
1 oignon
200 g de crevettes
1 cuillerée à café de zeste râpé de mandarine
2 cuillerées à soupe de miel
jus de 1 mandarine
2 cuillerées à soupe de vinaigre
1 cuillerée à café de sel
1 cuillerée à café de glutamate

En outre:

100 g de nouilles translucides
huile pour la friture
2 cuillerées à soupe de sauce de soja

Comment procéder:

Faire chauffer l'huile d'arachide dans une poêle. Faire bien revenir le bœuf coupé en fines lanières, sans cesser de remuer. Ajouter le gingembre haché, les oignons épluchés et coupés en lamelles, ainsi que les germes de soja. Laisser cuire brièvement. Assaisonner de sauce de soja, de sucre et d'huile de chili. Saler. Ôter de la poêle et tenir au chaud. Faire chauffer l'huile de sésame dans la poêle. Ajouter la carotte coupée en fines lanières et les oignons. Laisser cuire brièvement. Ajouter les crevettes. Laisser cuire brièvement. Assaisonner du zeste de mandarine, du miel, du jus de mandarine et de vinaigre. Ajouter le sel et le glutamate. Ôter du feu et tenir au chaud. Faire cuire rapidement les nouilles dans l'huile. Verser la sauce de soja. Mélanger la moitié du bœuf et des crevettes avec les nouilles et dresser sur un plat. Répartir le reste sur les nouilles et servir aussitôt.

Viande

Lorsque l'on parle de viande en Chine, il s'agit essentiellement de porc. C'est, en effet, la viande préférée des Chinois, avant le bœuf, le mouton et le gibier. A l'inverse de l'Europe, on préfère la viande un peu grasse. Grâce à des méthodes de préparation spécifiques, graisse et couenne sont transformées en une gelée qui fait le délice du gourmet chinois.

cai chao hong shao rou

Jarret de porc aux légumes

Ingrédients pour 4 personnes

1 jarret de porc de grosseur moyenne
1 cuillerée à soupe de sel
1 cuillerée à soupe de sucre
1 cuillerée à café d'anis moulu
½ tasse de sauce de soja
½ tasse de jerez ou de vin de riz
1 tasse de bouillon de viande

Pour les légumes:

1 oignon
1 botte d'oignons nouveaux
2 carottes
2 cuillerées à soupe d'huile d'arachide
1 tubercule de gingembre confit au sirop
2 cuillerées à soupe de vinaigre
1 cuillerée à soupe de miel
2 cuillerées à soupe de sauce de hoi sin
½ cuillerée à café de sel
poivre de Séchouan moulu
1 cuillerée à café de glutamate

Comment procéder:

Mettre à chauffer de l'eau salée dans une grande casserole. Laisser cuire le jarret de porc 10 minutes. Le retirer et l'essuyer. L'enduire d'une couche régulière de sel, de sucre et d'anis. Le placer dans une daubière. Verser la sauce de soja et le jerez, puis le bouillon de viande. Mettre dans le four préchauffé. Couvrir et laisser cuire environ 2 heures à 180°C. Tourner et arroser souvent. Sortir le jarret de porc du four. Le couper en tranches ou en dés, glacer avec la sauce et tenir au chaud. Pour les légumes: éplucher, laver et couper l'oignon, les oignons nouveaux et les carottes en fines lanières. Faire chauffer l'huile d'arachide dans une poêle. Faire sauter les légumes 5 minutes sans cesser de remuer. Ajouter le gingembre finement haché, le vinaigre, le miel et la sauce hoi sin. Assaisonner de sel, de poivre de Séchouan et de glutamate. Disposer autour de la viande et servir aussitôt.

kao zhu rou

Porc grillé

Ingrédients pour 4 personnes

1 kg de viande de porc maigre désossée (dans la cuisse)
1 cuillerée à soupe de sel
poivre de Séchouan moulu
½ cuillerée à café de cinq-épices

Pour la marinade:

3 cuillerées à soupe d'huile d'arachide
2 cuillerées à coupe de miel
2 cuillerées à soupe de sauce de prunes
3 cuillerées à soupe de sauce de soja
3 cuillerées à soupe de vin de riz
½ cuillerée à café de glutamate

Comment procéder:

Couper d'abord la viande en tranches dans le sens des fibres; couper de nouveau ces tranches dans le sens des fibres en lanières de 3 cm. Enduire ces lanières de sel, de poivre et de cinq-épices. Mélanger tous les ingrédients de la marinade. Mettre la viande dans un plat; napper de marinade et laisser macérer au moins 2 heures. Laisser cuire 15-20 minutes au gril ou au four préchauffé à 220°C. Enduire souvent de marinade. Sortir la viande du four. Couper en petits morceaux et servir aussitôt.

zhu rou buding

Pudding au porc

Ingrédients pour 4 personnes

1 kg de porc maigre
1 cuillerée à soupe de sel
poivre de Séchouan moulu
2 cuillerées à soupe de sauce de soja
4 cuillerées à soupe d'huile de sésame
1 verre de mixed pickles
3 cuillerées à soupe de chutney à la mangue
quelques gouttes à soupe de sauce de soja
1 tasse de bouillon de poule
½ cuillerée à café de sucre
½ cuillerée à café de glutamate
1 bouquet de ciboulette

Comment procéder:

Laisser cuire le porc à gros bouillons 10-15 minutes. Sortir et essuyer. Aromatiser généreusement de sel et de poivre. Napper de sauce de soja. Faire chauffer l'huile de sésame dans une cocotte. Faire dorer la viande de tous les côtés. Sortir la viande. Laisser refroidir et couper en dés grossiers. Déposer, côté couenne, dans 4 ramequins. Hacher grossièrement les mixed pickles. Les mettre dans une casserole. Ajouter le chutney à la mangue, la sauce de chili, la sauce de soja et le bouillon de poule. Faire cuire brièvement. Assaisonner de sucre et de glutamate. Enduire la viande du mélange en couche régulière. Placer les ramequins dans une marmite à vapeur. Couvrir et laisser cuire environ 85 minutes. Vider les ramequins sur une assiette. Servir avec diverses sauces et du riz sec.

zhen zhu pai

Porc à la poêle

Ingrédients pour 4 personnes

600 g de filet de porc
1 cuillerée à café de sel
½ cuillerée à café de curry
½ cuillerée à café de paprika en poudre
1 pointe de gingembre
½ cuillerée à café de cumin moulu
1 œuf
1 cuillerée à soupe de fécule
4 cuillerées à soupe d'huile d'arachide
1 botte d'oignons nouveaux
100 g de céleri
1 botte de radis
4 cuillerées à soupe de sauce de soja
1 cuillerée à soupe de sauce tomate
4 cl de jerez
½ cuillerée à café de glutamate

Comment procéder:

Couper en tranches fines ou en lanières le filet de porc bien refroidi. Enduire généreusement chaque tranche de sel, de curry, de paprika et de cumin moulu. Battre le blanc d'œuf, verser sur la viande et saupoudrer de fécule. Faire chauffer l'huile d'arachide dans une poêle. Faire dorer la viande de tous côtés. Éplucher, laver et couper les légumes en fines lanières ou en bâtonnets. Ajouter à la viande et laisser cuire 5 minutes. Mélanger la sauce de soja, la sauce tomate et le jerez. Incorporer à la viande. Assaisonner de glutamate et servir aussitôt.

LE TRUC DU CHEF

Il est essentiel de couper correctement la viande. Que ce soit en dés, en bâtonnets, en lanières ou en tranches ultrafines, l'opération sera plus facile si la viande est légèrement gelée.

tian suan rou

Porc aigre-doux

Ingrédients pour 4 personnes

600 g d'échine de porc maigre
1 cuillerée à café de sel
poivre de Séchouan moulu
1 œuf
1 cuillerée à soupe de fécule
matière grasse pour la friture

En outre:

2 cuillerées à soupe d'huile d'arachide
1 botte d'oignons nouveaux
1 poivron rouge et 1 poivron vert
2 tranches d'ananas
2 cuillerées à soupe de sauce tomate
3 cuillerées à soupe de sauce de soja
3 cuillerées à soupe de vinaigre
2 cuillerées à soupe de chutney sucré
1 tasse de jus d'orange
1 cuillerée à soupe de fécule
sel
1 cuillerée à café de glutamate

Comment procéder:

Couper la viande en dés d'environ 2 cm. Assaisonner généreusement de sel et de poivre. Incorporer l'œuf battu à la viande. Saupoudrer de fécule. Laisser reposer 1 heure au réfrigérateur. Faire cuire la viande dans la graisse très chaude. Sortir de la cocotte. Faire chauffer l'huile d'arachide dans une poêle. Ajouter la viande. Ajouter les légumes épluchés, lavés et coupés en losanges. Laisser cuire environ 3 minutes sans cesser de remuer. Ajouter les tranches d'ananas coupées en petits morceaux. Mélanger la sauce tomate, la sauce de soja, le vinaigre et le chutney. Mettre dans la poêle. Délayer la fécule avec le jus d'orange. Lier le tout avec. Assaisonner de sel et de glutamate et servir aussitôt. Relever avec de l'huile de chili si l'on souhaite un mets plus épicé.

LE TRUC DU CHEF

La cuisine chinoise aime à mêler le sucré et l'aigre. Ce sont surtout les fruits, tels que l'ananas, l'orange, le melon, la papaye, la mangue, le litchi, qui donnent la saveur sucrée. La saveur aigre, quant à elle, est due à l'emploi du vinaigre, des divers produits à base de soja et des sauces.

qin cai chao rou

Fricassée de porc aux légumes

Ingrédients pour 4 personnes

400 g de porc maigre
2 gousses d'ail
1 cuillerée à café de sel
poivre de Séchouan moulu
4 cuillerées à soupe d'huile végétale
250 g de chou-fleur
250 g de brocoli
200 g de chou de Chine
2 cuillerées à soupe de sauce de soja
2 cuillerées à soupe de sauce hoi sin
1 tasse de bouillon de poule
1 cuillerée à soupe de fécule
3 cuillerées à soupe de vinaigre
1 cuillerée à café de sucre
1 cuillerée à café de glutamate
sel
poivre moulu
2 cl de vin de riz

Comment procéder:

Couper la viande en fines lanières. Piler l'ail avec le sel jusqu'à obtention d'une pâte; en enduire la viande. Poivrer. Faire chauffer l'huile. Laisser cuire la viande 4 minutes sans cesser de remuer. Ôter du feu et tenir au chaud. Éplucher et laver les légumes. Selon le cas, présenter en bouquets ou en fines lamelles. Verser les légumes dans l'huile de cuisson et laisser cuire brièvement. Verser la sauce de soja, la sauce hoi sin et le bouillon de poule. Couvrir et laisser cuire 5-8 minutes. Délayer la fécule avec le vinaigre. Lier les légumes. Assaisonner de sucre, de glutamate, de sel et de poivre. Aromatiser de vin de riz. Ajouter à la viande, faire chauffer brièvement et servir aussitôt.

chao zhu yao

Fricassée de porc et rognons de porc

Ingrédients pour 4 personnes

400 g de porc maigre
2 gousses d'ail
1 cuillerée à café de sel
quelques gouttes d'huile de chili
5 cuillerées à soupe d'huile végétale
200 g de rognons de porc
1 œuf
1 pointe de gingembre en poudre
1 pointe de coriandre en poudre

En outre:

1 laitue pommée
1 cuillerée à soupe de sauce tomate
2 cuillerées à soupe de sauce de soja
3 cuillerées à soupe de vinaigre
1 cuillerée à café de sucre
1 tasse de bouillon de poule
sel
poivre de Séchouan moulu
½ cuillerée à café de glutamate

Comment procéder:

Couper le porc en fines lanières. Piler l'ail avec le sel. Enduire la viande du mélange et napper d'huile de chili. Faire chauffer l'huile dans une poêle. Faire bien revenir la viande. Ôter du feu et tenir au chaud. Nettoyer les rognons. Les couper en petits morceaux. Battre l'œuf avec le gingembre en poudre et la coriandre. Rouler les rognons dans le mélange, puis faire cuire 3 minutes dans la graisse restante sans cesser de remuer. Ôter du feu et tenir au chaud. Éplucher et laver la salade. La couper en morceaux de la taille de bouchées. Mettre la sauce tomate, la sauce de soja, le vinaigre, le sucre et le bouillon de poule dans la graisse restante et faire cuire. Ajouter la salade et faire chauffer brièvement. Assaisonner de sel, de poivre et de glutamate. Ajouter le porc et les rognons; bien mélanger le tout et servir aussitôt.

gu lao rou

Beignets de porc à la sauce aigre-douce

Ingrédients pour 4 personnes

600 g de filet de porc
1 cuillerée à café de sel
½ cuillerée à café de poivre blanc
1 pointe de gingembre en poudre
1 cuillerée à café de curry
3 cuillerées à soupe de sauce de soja
4 cl de vin de riz

Pour la pâte:

200 g de farine
env. 2 tasses de vin blanc
1 cuillerée à café de sel
¼ de cuillerée à café de poivre blanc
1 jaune d'œuf
1 blanc d'œuf

Pour la cuisson:

huile d'arachide pour la friture

Pour la sauce:

2 cuillerées à soupe d'huile d'arachide
1 botte d'oignons nouveaux
1 poivron rouge
2 gousses d'ail
1 cuillerée à café de sel
3 tubercules de gingembre confits au sirop
½ tasse de vinaigrc
2 cuillerées à soupe de sauce de soja
2 tasses de sauce tomate liée
1 petite boîte de mandarines en quartiers
1 petite boîte de petits pois
1 pointe de gingembre en poudre
sel
poivre
1 pincée de sucre
1 cuillerée à café de glutamate

Comment procéder:

Couper d'abord le filet de porc en tranches de 1 cm, puis en lanières. Mettre la viande dans un plat. Ajouter le sel, le poivre le gingembre, le curry, la sauce de soja et le vin de riz. Laisser macérer toute la nuit. Avant de commencer la préparation, mélanger la farine et le vin blanc jusqu'à obtention d'une pâte homogène. Saler et poivrer la pâte. Incorporer le jaune d'œuf. Incorporer avec précaution le blanc d'œuf battu en neige. Faire chauffer l'huile d'arachide dans une friteuse. Pendant ce temps, mettre à chauffer l'huile d'arachide dans le wok pour la sauce. Ajouter les légumes épluchés, lavés et coupés en fines lanières et laisser glacer sans cesser de remuer. Ajouter l'ail broyé avec le sel et laisser cuire brièvement. Incorporer les tubercules de gingembre finement hachés. Délayer avec le vinaigre et la sauce de soja; verser la sauce tomate. Incorporer les quartiers de mandarine égouttés et les pois aux légumes. Faire chauffer. Assaisonner de sel, de poivre, de sucre et de glutamate. Faire dorer le porc dans l'huile d'arachide. Ôter du feu, laisser un peu refroidir; faire cuire brièvement une nouvelle fois dans l'huile. Mélanger, pour finir, le porc croustillant à la sauce et servir bien chaud.

zhen zhu rou

Tourte de viande à la vapeur

Ingrédients pour 4 personnes

50 g de champignons chinois
1 oignon
1 poivron rouge
2 gousses d'ail
1 cuillerée à café de sel
500 g de porc haché
1 œuf
2 cuillerées à soupe de sauce de soja
2 cuillerées à soupe de sauce hoi sin
1 cuillerée à soupe de sauce tomate
quelques gouttes d'huile de chili
sel
poivre de Séchouan moulu
1-2 cuillerées à soupe de fécule
100 g de saucisses chinoises ou de cabanossi italiennes

Comment procéder:

Émincer les champignons bien égouttés. Éplucher l'oignon; couper le poivron en deux dans le sens de la longueur; épépiner et laver. Couper oignon et poivron en tout petits dés. Broyer l'ail avec le sel. Mélanger, dans un plat, tous les ingrédients avec la viande hachée et l'œuf. Bien travailler l'ensemble jusqu'à obtention d'une masse homogène. Assaisonner de sauce de soja, de sauce hoi sin, d'huile de chili, de sel et de poivre. Lier avec la fécule. Verser dans un moule plat. Couper les saucisses chinoises en rondelles. Enfoncer les rondelles dans le mélange de viande. Placer le moule dans la marmite à vapeur. Laisser cuire 45-50 minutes. Démouler la tourte. Couper en morceaux de la taille d'une bouchée et servir aussitôt.

zha xia wan

Croquettes à la viande et au crabe

Ingrédients pour 4 personnes

500 g de viande de porc maigre
200 g de chair de crabe ou d'écrevisse
1 oignon
50 g de champignons chinois
1 œuf
2 cuillerées à soupe de fécule
2 cuillerées à soupe de sauce de soja
½ cuillerée à café de sucre
1 cuillerée à café de sel
1 pointe de gingembre en poudre
1 cuillerée à soupe de moutarde demi-forte
1 cuillerée à soupe de glutamate
poivre moulu

Pour la cuisson:

de la matière grasse pour la friture

Comment procéder:

Hacher finement à la moulinette le porc, le crabe, l'oignon épluché et les champignons préalablement trempés. Placer dans un plat; ajouter l'œuf et la fécule. Travailler le tout jusqu'à obtention d'une masse homogène. Assaisonner de sauce de soja, de gingembre en poudre, de moutarde, de glutamate et de poivre. Former de petites croquettes et mettre à frire. Servir avec des nouilles translucides, mélangées à des épinards à l'ail. Accompagner d'une sauce composée de bouillon de poule et de sauce de soja, et liée avec de la fécule.

LE TRUC DU CHEF

Pour présenter ce plat dans sa version originale, il ne faut pas passer les ingrédients à la moulinette. Il convient plutôt de couper la viande d'abord en petits morceaux, de la hacher à l'aide de deux hachoirs, dans un sens puis dans l'autre, et de répéter l'opération jusqu'à obtention d'une bouillie homogène.

cai chao yao rou

Filet de porc sauté aux légumes

Ingrédients pour 4 personnes

300 g de filet de porc
300 g de filet de bœuf

Pour la marinade:

2 cuillerées à soupe de sauce de soja
2 cuillerées à soupe de vin de riz
2 cuillerées à soupe d'huile d'arachide
1 cuillerée à soupe de sucre brun
½ cuillerée à café de cinq-épices
1 cuillerée à soupe de fécule

Pour les légumes:

1 botte d'oignons nouveaux
1 poivron rouge et 1 poivron vert
100 g de pousses de bambou
100 g de germes de soja
1 cuillerée à soupe de sauce tomate
1 cuillerée à soupe de sauce de soja
1 tasse de bouillon de poule
1 cuillerée à soupe de fécule de maïs
sel
poivre moulu

En outre:

de la graisse ou de l'huile pour la cuisson
1 bouquet de ciboulette

Comment procéder:

Couper la viande en lanières, puis la mettre dans un plat. Mélanger tous les ingrédients de la marinade. Verser sur la viande et laisser macérer au moins 1 heure. Pendant ce temps, éplucher, laver et couper les légumes en fines lanières. Faire chauffer la graisse (ou l'huile) dans une poêle. Bien faire revenir la viande parfaitement égouttée pendant 3 minutes sans cesser de remuer. Oter de la poêle et tenir au chaud. Verser les légumes dans le reste de graisse. Faire sauter 3 minutes. Ajouter la sauce tomate et la sauce de soja. Délayer la fécule avec le bouillon de poule. Lier les légumes. Ajouter la viande. Faire réchauffer brièvement. Servir parsemé de ciboulette fraîchement coupée.

LE TRUC DU CHEF

La cuisine occidentale emploie plus volontiers des fines herbes que la cuisine chinoise. Voici une recette de marinade aux fines herbes: mélanger 5 cuillerées à soupe d'huile, ½ cuillerée à café de marjolaine, ½ cuillerée à café de thym et ½ cuillerée à café de basilic. Assaisonner de sauce de soja, d'ail et d'huile de chili.

yan niu rou

Steaks marinés

Ingrédients pour 4 personnes

500 g de bœuf dans le filet

Pour la marinade:

2 cuillerées à soupe d'huile d'arachide
2 cuillerées à soupe de sauce de soja
1 cuillerée à café de zeste râpé de mandarine
2 cuillerées à soupe de miel
2 cuillerées à soupe de vinaigre
quelques gouttes d'huile de chili
½ cuillerée à café de glutamate

En outre:

4 cuillerées à soupe d'huile d'arachide
sel
poivre de Séchouan moulu

Comment procéder:

Couper le filet de bœuf en tranches minces. Mettre dans un plat. Couvrir et laisser macérer au moins 2 heures au réfrigérateur. Faire chauffer l'huile d'arachide dans une poêle. Bien faire revenir la viande 3 minutes sans cesser de remuer. Ôter du feu. Saler, poivrer et servir aussitôt.

hong men niu rou

Bœuf braisé aux tomates

Ingrédients pour 4 personnes

1 kg de rôti de bœuf dans l'aloyau

Pour la marinade:

4 cuillerées à soupe de sauce de soja
2 cuillerées à soupe de sauce de prunes
1 cuillerée à soupe de sucre brun
2 cuillerées à soupe de vinaigre
½ cuillerée à café de menthe
1 pointe d'anis étoilé en poudre
1 pointe de coriandre en poudre

En outre:

4 cuillerées à soupe d'huile d'arachide
1 tasse de bouillon de poule
1 oignon
1 petit céleri
500 g de tomates
1 cuillerée à soupe de glutamate
2 cuillerées à soupe de sauce de prunes
sel
poivre de Séchouan moulu

Comment procéder:

Piquer de tous côtés la viande à l'aide d'une fourchette. Mettre dans un plat. Mélanger tous les ingrédients de la marinade. Verser sur la viande et laisser macérer au moins 1 heure. Sortir la viande, bien l'égoutter et la faire revenir dans une cocotte après avoir fait chauffer l'huile d'arachide. Verser le bouillon de poule. Couvrir. Laisser cuire 2 heures dans le four préchauffé à 180°C. Pendant la cuisson, retourner et arroser souvent. Pendant ce temps, éplucher, laver et couper l'oignon et le céleri en petits dés. Peler, épépiner et couper les tomates en petits dés. Ajouter les légumes à la viande 20 minutes avant la fin de la cuisson. Mélanger le glutamate et la sauce de prunes. Saler et poivrer. Avant de servir, couper la viande en tranches minces et napper de sauce.

dou jiang niu rou

Filet de bœuf à la sauce de haricots noirs

Ingrédients pour 4 personnes

4 filets de bœuf de 200 g chacun

Pour la marinade:

1,5 cuillerée à soupe de haricots noirs salés
2 cuillerées à soupe de sauce de soja
1 tasse de bouillon de viande
1 cuillerée à café de sucre
1 cuillerée à café de fécule
2 gousses d'ail
½ cuillerée à café de sel
quelques gouttes d'huile de chili

En outre:

4 cuillerées à soupe d'huile d'arachide
8 champignons chinois déshydratés
1 botte d'oignons nouveaux

Comment procéder:

Mettre les filets de bœuf dans un plat. Pour la marinade: mélanger les haricots noirs, la sauce de soja, le bouillon de viande, le sucre, la fécule, l'ail broyé avec le sel et l'huile de chili. Verser la marinade sur la viande et laisser macérer au moins 2 heures. Sortir les filets et bien les égoutter. Faire chauffer l'huile d'arachide dans une poêle. Faire cuire les filets de bœuf selon le goût. Ôter de la poêle et tenir au chaud. Mettre les champignons bien égouttés et les oignons coupés en morceaux dans le reste d'huile. Verser la marinade et laisser cuire 5 minutes à petits bouillons. Couper les filets en tranches minces, napper de sauce et servir aussitôt.

LE TRUC DU CHEF

On trouve la pâte de haricots noirs dans les boutiques chinoises. Elle se compose de haricots de soja, de chili, de sucre et de sel. Bien que de saveur extrêmement forte, c'est un condiment rêvé. Bien fermée, on conserve cette pâte très longtemps au réfrigérateur.

qin dou yang rou

Agneau aux pois sucrés

Ingrédients pour 4 personnes

500 g de filet d'agneau

Pour la marinade:

2 cuillerées à soupe de sauce de soja claire
2 gousses d'ail
1 cuillerée à café de sel
2 cuillerées à soupe d'huile de sésame
1 cuillerée à soupe de sucre brun

En outre:

2 cuillerées à soupe d'huile de sésame
1 botte d'oignons nouveaux
250 g de petits pois sucrés blanchis
1 tasse de bouillon de poule
2 cuillerées à soupe de sauce tomate
1 cuillerée à soupe de fécule
1 cuillerée à café de glutamate
sel
poivre de Séchouan moulu

Comment procéder:

Couper l'agneau en petites tranches ultrafines et les mettre dans un plat. Mélanger la sauce de soja, l'ail broyé avec le sel, l'huile de sésame et le sucre. Verser la marinade sur la viande. Couvrir et laisser macérer 1 heure au réfrigérateur. Faire chauffer l'huile de sésame dans une poêle. Faire bien revenir la viande 3 minutes sans cesser de remuer. Oter de la poêle et tenir au chaud. Mettre les oignons coupés en morceaux de 3 cm dans le reste d'huile et laisser cuire 2 minutes. Ajouter les pois blanchis, verser le mélange délayé de bouillon de poule, de sauce tomate et de fécule. Lier le tout. Ajouter la viande. Assaisonner de glutamate, de poivre et de sel. Servir aussitôt.

LE TRUC DU CHEF

La sauce de soja existe sous plusieurs formes. Citons la sauce de soja claire, fluide et salée, ainsi que la sauce de soja brune, épaisse et sucrée. Toutes deux sont utilisées comme sauces ou pour la cuisson.

gali hong shao yang rou

Agneau braisé au curry

Ingrédients pour 4 personnes

600 g d'épaule d'agneau maigre
4 cuillerées à soupe d'huile d'arachide
1 oignon
2 bottes d'oignons nouveaux
2 tubercules de gingembre confits au sirop
2 cuillerées à soupe de curry
½ l de bouillon de viande
½ cuillerée à soupe de glutamate
sel
poivre de Séchouan moulu

En outre:

2 tranches d'ananas
100 g de litchis
50 g de cerises de cocktail
4 cl de vin de riz
2 cuillerées à soupe de fécule

Comment procéder:

Couper la viande en dés de 2 cm. Faire chauffer l'huile d'arachide dans une daubière. Faire dorer la viande de tous côtés. Ajouter l'oignon coupé en rondelles et les oignons nouveaux coupés en petits morceaux. Laisser cuire brièvement. Ajouter le gingembre finement haché, saupoudrer de curry, verser le bouillon de viande. Assaisonner de glutamate, de sel et de poivre. Fermer la daubière. Introduire dans le four préchauffé et laisser braiser 70-80 minutes à 180°C. Ajouter pour finir les tranches d'ananas coupées en petits dés, les litchis et les cerises. Aromatiser de vin de riz et lier le tout avec la fécule. Vérifier l'assaisonnement et servir avec du riz.

men yang rou

Épaule d'agneau farcie

Ingrédients pour 4 personnes

1,2 kg d'épaule d'agneau désossée (et préparée par le boucher en prévision de la farce)

Pour la farce:

1 botte d'oignons nouveaux
2 tubercules de gingembre au sirop
3 gousses d'ail
1 cuillerée à café de sel
50 g d'amandes pilées
50 g de rosines
1 cuillerée à café de curry
½ cuillerée à café de paprika
1 pointe de gingembre en poudre
4 cuillerées à soupe de vinaigre
quelques gouttes d'huile de chili

Pour la sauce:

4 cuillerées à soupe d'huile de sésame
4 cuillerées à soupe de sauce de soja
3 cuillerées à soupe de vinaigre
2 cuillerées à soupe de sauce hoi sin
1 tasse de bouillon de poule
sel
poivre moulu

Comment procéder:

Laver l'épaule d'agneau sous l'eau froide. Essuyer. Faire chauffer l'huile de sésame dans une poêle. Faire glacer les oignons coupés en fines rondelles. Ajouter le gingembre finement haché, l'ail broyé avec le sel, les amandes et les rosines. Faire cuire brièvement. Assaisonner de curry, de paprika, de gingembre en poudre, de vinaigre et d'huile de chili. Laisser refroidir. Enduire la viande du mélange avant de la rouler. Attacher avec de la ficelle de cuisine. Faire chauffer l'huile de sésame dans une daubière. Mettre la viande à colorer. Verser la sauce de soja, le vinaigre, la sauce hoi sin et le bouillon de poule. Fermer la daubière. Mettre au four préchauffé et laisser cuire environ 2 heures à 180°C. Pendant la cuisson, retourner et arroser fréquemment la viande de sauce. Ajouter, le cas échéant, sel et poivre à la sauce. Avant de servir, couper la viande en tranches ultrafines et napper de jus de cuisson.

Poisson

Il suffit de regarder une carte de la Chine pour comprendre pourquoi le poisson joue un rôle capital dans l'alimentation. Un littoral maritime immense, nombre de fleuves et de mers sont les pourvoyeurs quasi inépuisables de poisson frais. Gourmets sans pareils, les cuisinières et les cuisiniers chinois excellent à préparer ces mets délicats. Mais attention – «directement de l'eau à la table» – comme l'indique cette devise, il ne faut utiliser, pour des recettes chinoises, que du poisson de toute première fraîcheur.

jiang zhi xia ren

Carpe sautée à la sauce au gingembre

Ingrédients pour 4 personnes

1 carpe prête à cuire (1,5 kg)
1 cuillerée à soupe de sel
½ tasse de farine
de l'huile pour la friture

Pour la sauce:

100 g de porc maigre
2 carottes
1 poireau
1 pied de céleri
2 gousses d'ail
1 cuillerée à café de sel
3 tubercules de gingembre au sirop
2 cuillerées à soupe de sauce de soja
3 cuillerées à soupe de vinaigre
1 cuillerée à café de sucre
1 tasse de bouillon de poule
1 cuillerée à soupe de fécule
sel
poivre moulu
1 cuillerée à café de glutamate

Comment procéder:

A l'aide d'un couteau, entailler la carpe en biais 5-6 fois des deux côtés. Saler l'intérieur et l'extérieur. Rouler dans la farine. Faire chauffer l'huile dans une poêle. Faire dorer la carpe des deux côtés. Ôter et tenir au chaud. Faire revenir le porc coupé en très fines lanières dans le reste d'huile. Ajouter les légumes épluchés, lavés et coupés en fines lanières. Laisser cuire brièvement. Ajouter l'ail broyé avec le sel, le gingembre finement haché, la sauce de soja, le vinaigre et le sucre. Délayer la fécule avec le bouillon de poule et lier la sauce. Assaisonner de sel, de poivre et de glutamate. Disposer la carpe sur les légumes, couvrir et laisser cuire 10 minutes à feu doux. Dresser la carpe sur un plat et napper de sauce. Servir avec des nouilles translucides ou du riz.

la jiang shao yu

Saumon frit à la sauce piquante

Ingrédients pour 4 personnes

500 g de filets de saumon
½ cuillerée à café de sel
½ cuillerée à café de gingembre frais râpé
1 blanc d'œuf
fécule pour saupoudrer
huile pour la friture

Pour la sauce:

3 cuillerées à soupe d'huile d'arachide
1 botte d'oignons nouveaux
1 chili vert et 1 chili rouge
1 verre de mixed pickles
1 tasse de bouillon de poule
1 tasse de vin blanc
1 cuillerée à soupe de sucre
1 cuillerée à café de glutamate
sel
poivre moulu
1-2 cuillerées à soupe de fécule
1 bouquet de persil

Comment procéder:

Couper les filets de saumon en lanières de la taille d'un doigt. Frotter de sel et de gingembre, rouler dans le blanc d'œuf légèrement battu et saupoudrer de fécule. Faire chauffer l'huile de friture. Pendant ce temps, faire chauffer l'huile d'arachide dans une poêle; ajouter les oignons coupés en morceaux et les laisser glacer. Épépiner les chilis, les couper en fines rondelles. Ajouter dans la poêle ainsi que les mixed pickles. Verser le bouillon de poule et le vin blanc. Assaisonner de sucre, de glutamate, de sel et de poivre. Lier la sauce avec la fécule. Faire frire les lanières de poisson à feu vif. Dresser dans un plat, napper de sauce et saupoudrer de persil avant de servir.

tang cu zha yu

Cabillaud frit à la sauce aigre-douce

Ingrédients pour 4 personnes

800 g de filets de cabillaud
½ cuillerée à café de sel

Pour la marinade:

1 tasse de vin blanc
2 cuillerées à soupe de sauce de soja
3 cuillerées à soupe de vinaigre
3 cuillerées à soupe de sauce hoi sin
1 cuillerée à soupe de sucre brun
1 pointe de gingembre en poudre

Pour la sauce:

2 cuillerées à soupe d'huile d'arachide
1 botte d'oignons nouveaux
1 petite boîte de mandarines
100 g d'ananas en dés
2 tasses de bouillon de poule
1-2 cuillerées à soupe de fécule
1 cuillerée à soupe de glutamate
sel
poivre moulu

En outre:

1 œuf
2 cuillerées à soupe de fécule
huile pour la friture

Comment procéder:

Couper les filets de cabillaud en morceaux de la dimension d'une bouchée. Saler. Disposer dans un plat. Mélanger tous les ingrédients de la marinade. Verser sur les morceaux de poisson et laisser macérer au moins ½ heure. Pendant ce temps, faire chauffer l'huile d'arachide dans une poêle. Faire revenir brièvement les oignons coupés en morceaux. Ajouter les mandarines égouttées et les dés d'ananas. Faire revenir brièvement. Couvrir de bouillon de poule et lier avec la fécule. Assaisonner de glutamate, de sel et de poivre. Retirer les morceaux de poisson de la marinade et ajouter le liquide à la sauce. Battre l'œuf; y rouler le poisson avant de le saupoudrer de fécule. Faire chauffer l'huile et faire frire le poisson. Dresser les morceaux de poisson dans un plat; napper de sauce et servir aussitôt.

CHEFOO RED WINE

shao rouxian yu

Brochet farci au porc

Ingrédients pour 4 personnes

1 brochet (d'env. 2 kg)
1 cuillerée à café de sel
½ cuillerée à café de gingembre frais râpé
1 cuillerée à café de zeste de mandarine râpé
2 cuillerées à soupe de sauce de soja claire
2 cuillerées à soupe de miel
3 cuillerées à soupe de vinaigre

Pour la farce:

200 g de porc haché
1 oignon
1 cuillerée à soupe de sauce de soja
2 gousses d'ail
½ cuillerée à café de sel
1 bouquet de persil
1 cuillerée à café de glutamate
1 cuillerée à café de fécule

En outre:

huile de sésame pour la friture
de la farine pour saupoudrer
¼ de l de bouillon de poule
1 tasse de vin blanc
4 cuillerées à soupe de sauce de soja
1 cuillerée à café de sucre
1 cuillerée à soupe de glutamate
1 bouquet de ciboulette

Comment procéder:

Entailler en losange le brochet prêt à cuire des deux côtés à l'aide d'un couteau pointu. Frotter de sel, de gingembre et de zeste de mandarine. Mélanger la sauce de soja, le miel et le vinaigre. Enduire l'intérieur et l'extérieur du brochet de ce mélange et laisser macérer 15 minutes. Mettre le porc haché dans un plat. Ajouter les oignons émincés, la sauce de soja, l'ail broyé avec le sel, le persil haché, le glutamate et la fécule. Travailler le tout jusqu'à obtention d'une masse homogène. Garnir le poisson de cette masse. Faire chauffer l'huile de sésame dans une grande poêle; saupoudrer le poisson de farine et le faire frire 8 minutes de chaque côté. Mélanger le bouillon de poule, le vin blanc, la sauce de soja, le sucre et le glutamate. Napper le poisson du mélange. Couvrir et laisser cuire 25 minutes à feu doux. Durant la cuisson, retourner le poisson une fois avec précaution. Dresser le poisson sur un plat. Napper de sauce et servir saupoudré de ciboulette fraîchement coupée.

晴
茶

huo zhi jian yu

Scampi sautés à la sauce d'huîtres

Ingrédients pour 4 personnes

1 kg de scampi cuits
3 cuillerées à soupe d'huile d'arachide
2 gousses d'ail
½ cuillerée à café de gingembre frais râpé
1 botte d'oignons nouveaux
1 petit chou de Chine
2 tasses de bouillon de poule
3 cuillerées à soupe de sauce d'huîtres
½ tasse de jerez
sel
poivre de Séchouan moulu
1 cuillerée à café de sucre
1 cuillerée à café de glutamate
1-2 cuillerées à soupe de fécule
1 bouquet de ciboulette

Comment procéder:

Décortiquer et nettoyer les scampi. Faire chauffer l'huile d'arachide dans une poêle. Ajouter les scampi et les faire dorer des deux côtés, sans cesser de remuer. Ajouter les gousses d'ail émincées, le gingembre et les oignons coupés en morceaux. Faire revenir brièvement. Éplucher, laver et couper le chou de Chine en morceaux de la dimension d'une bouchée. Mettre dans la poêle et faire revenir brièvement. Verser le bouillon de poule, la sauce d'huîtres et le jerez. Assaisonner de sel, de poivre, de sucre et de glutamate. Lier avec la fécule. Parsemer de ciboulette fraîchement coupée et servir aussitôt.

shao haixia

Bouquets sautés

Ingrédients pour 4 personnes

1 kg de bouquets frais

Pour la marinade:

2 gousses d'ail
1 cuillerée à café de sel
2 cuillerées à soupe de miel
1 tasse de jus d'orange
½ cuillerée à café de gingembre frais râpé
2 cuillerées à soupe de sauce de soja

En outre:

2 œufs
1 cuillerée à café de sel
100 g de farine
¼ de cuillerée à soupe de levure
1 cuillerée à soupe d'huile
¼-½ tasse d'eau
huile pour la friture

Comment procéder:

Décortiquer les bouquets; laisser la queue. Nettoyer. Broyer l'ail avec le sel; mélanger avec le miel, le jus d'orange, le gingembre et la sauce de soja. Laisser macérer les bouquets dans le mélange au moins 2 heures. Battre les œufs dans un saladier; saler. Ajouter la farine, la levure, l'huile et l'eau et travailler le tout jusqu'à obtention d'une pâte. Faire chauffer l'huile pour la friture. Tremper les bouquets dans la pâte et faire frire 4-5 minutes. Servir, selon le goût, diverses sauces et du pain.

zha qinyu

Harengs frits à la sauce de mandarine

Ingrédients pour 4 personnes

12 petits harengs prêts à cuire
1 cuillerée à soupe de sel
1 cuillerée à soupe de gingembre frais râpé
env. 1 tasse de farine
huile pour la friture

Pour la sauce:

2 cuillerées à soupe d'huile d'arachide
1 oignon
1 petit céleri
1 boîte de mandarines en quartiers
1 tasse de bouillon de poule
3 cuillerées à soupe de vinaigre
2 cuillerées à soupe de sauce hoi sin
1 cuillerée à café de glutamate
sel
poivre moulu
1-2 cuillerées à soupe de fécule

Comment procéder:

Passer les harengs sous l'eau froide. Les essuyer. Mélanger le sel et le gingembre; enduire les harengs du mélange. Laisser macérer au moins 1 heure. Rouler

les harengs dans la farine. Faire chauffer l'huile dans une friteuse. Mettre les harengs. Pour la sauce: faire chauffer l'huile d'arachide dans une poêle. Faire revenir les oignons coupés en rondelles et le céleri sans cesser de remuer. Ajouter les quartiers de mandarine avec le jus et le bouillon de poule. Assaisonner de vinaigre, de sauce hoi sin, de glutamate, de sel et de poivre.

Lier avec la fécule. Verser la sauce sur les harengs et servir aussitôt.

cai shao bei xin

Moules au jus de légumes

Ingrédients pour 4 personnes

400 g de moules
400 g de praires
4 cuillerées à soupe d'huile de sésame
2 gousses d'ail
1 cuillerée à café de gingembre frais râpé
1 cuillerée à café de zeste d'orange râpé
1 botte d'oignons nouveaux
100 g de pousses de bambou
100 g de germes de soja
2 carottes
3 cuillerées à soupe de sauce de soja
2 cuillerées à soupe de sauce de prunes
2 tasses de bouillon de poule
1-2 cuillerées à soupe de fécule
1 cuillerée à café de glutamate
quelques gouttes d'huile de chili
sel
poivre de Séchouan moulu
1 bouquet de ciboulette

Comment procéder:

Nettoyer les moules sous l'eau froide et les essuyer. Faire chauffer l'huile de sésame dans une poêle. Faire revenir brièvement les gousses d'ail émincées, le gingembre et le zeste d'orange. Ajouter les moules et les praires. Faire chauffer, sans cesser de remuer, jusqu'à ce que tous les mollusques soient ouverts. Ajouter les oignons et les pousses de bambou coupés en lamelles, les germes de soja ainsi que les carottes coupées en lamelles. Faire revenir brièvement. Mélanger la sauce de soja, la sauce de prunes et le bouillon de poule. Verser dans la poêle. Lier le tout avec la fécule. Assaisonner de glutamate, d'huile de chili, de sel et de poivre. Parsemer de ciboulette fraîchement coupée et servir aussitôt.

tang cu bei xin

Coques à la sauce aigre-douce

Ingrédients pour 4 personnes

1 kg de coques
4 cuillerées à soupe d'huile d'arachide

Pour la sauce:

1 poivron rouge et 1 poivron vert
1 oignon
100 g de concombre
3 cuillerées à soupe de chutney à la mangue
2 gousses d'ail
1 cuillerée à café de sel
3 cuillerées à soupe de sauce de soja
3 cuillerées à soupe de vinaigre
½ cuillerée à café de sucre brun
1 tasse de bouillon de poule
sel
poivre moulu
quelques gouttes d'huile de chili

Comment procéder:

Nettoyer les coques sous l'eau froide. Les essuyer. Faire chauffer l'huile d'arachide dans une poêle. Ajouter les coques. Faire cuire, sans cesser de remuer, jusqu'à ce qu'elles soient toutes ouvertes. Couper les poivrons et les oignons épluchés et lavés en fines lanières. Ajouter aux coques et faire revenir brièvement. Couper le concombre en fines lanières. Ajouter aux coques et laisser glacer brièvement. Hacher menu le chutney à la mangue; incorporer aux légumes ainsi que l'ail broyé avec le sel. Ajouter la sauce de soja, le vinaigre, le sucre brun et le bouillon de poule. Assaisonner de sel, de poivre et d'huile de chili. Laisser bouillir brièvement et servir aussitôt.

chao hai wei

Poêlée de fruits de mer

Ingrédients pour 4 personnes

2 tourteaux précuits
100 g de seiche
200 g de coques
200 g de coquilles Saint-Jacques décortiquées
4 cuillerées à soupe d'huile de sésame
1 botte d'oignons nouveaux
2 carottes
½ tasse de vinaigre
2 cuillerées à soupe de sauce de soja claire
¼ l de bouillon de poule
1 branche de menthe
1 cannelle en bâtonnets
quelques clous de girofle
2 feuilles de laurier
quelques grains de poivre
1 piment
1 cuillerée à café de sel
1 cuillerée à soupe de glutamate
1 bouquet de persil

Comment procéder:

À l'aide d'un hachoir, couper les tourteaux précuits en morceaux. Laver la seiche sous l'eau froide, ainsi que les coques. Essuyer.

Mettre les coquilles Saint-Jacques à dégeler si elles sont surgelées; bien les égoutter si elles sont en conserve. Faire chauffer l'huile de sésame dans une grande poêle et bien faire revenir les fruits de mer durant 3 minutes, sans cesser de remuer. Ajouter les oignons et les carottes coupés en rondelles. Faire revenir brièvement. Couvrir de vinaigre, de sauce de soja et de bouillon de poule. Ajouter la menthe, la cannelle en bâtonnets, les clous de girofle, les feuilles de laurier, les grains de poivre et le piment. Laisser mijoter le tout 5 minutes. Assaisonner de sel et de glutamate. Parsemer de persil fraîchement haché et servir aussitôt.

LE TRUC DU CHEF

«Quelle boisson servir avec un repas chinois?» À cette question, j'ai chaque fois dû répondre: «Quasiment aucune.» A l'extrême rigueur, du thé ou du bouillon. Cependant, comme l'indique la devise: «Boire ou manger, il faut choisir», le Chinois ne dédaigne pas les boissons fortes. Tout le monde connaît les eaux-de-vie de mil, de blé ou de riz, et les Chinois aiment à les boire en bonne compagnie. On les boit de préférence tièdes, afin que leur bouquet spécifique puisse se développer mieux.

tang jiang yu

Brèmes grillées glacées au miel

Ingrédients pour 4 personnes

4 brèmes prêtes à cuire de 300 g chacune
1 cuillerée à café de sel
poivre de Séchouan moulu

Pour le glaçage:

3 cuillerées à soupe de miel
2 tubercules de gingembre confits au sirop
1 pointe de gingembre en poudre
3 cuillerées à soupe de vinaigre
quelques gouttes d'huile de chili
1 cuillerée à café de zeste d'orange râpé
3 cuillerées à soupe d'huile d'arachide

En outre:

des rondelles de citron vert
1 bouquet de persil

Comment procéder:

Nettoyer les brèmes sous l'eau froide. Les essuyer. En enduire généreusement l'intérieur et

yan cu zhi yu

Filets de truite crus marinés

Ingrédients pour 4 personnes

2 truites fraîches de 300 g chacune
1 cuillerée à café de sel
poivre de Séchouan moulu

Pour la marinade:

2 cuillerées à coupe de sauce de soja
3 cuillerées à soupe d'huile de sésame
4 cl de jerez sec
2 cl d'eau-de-vie
½ cuillerée à café de sucre
1 bouquet de ciboulette

En outre:

quelques feuilles de salade
1 œuf dur

Comment procéder:

Vider les truites, les passer sous l'eau froide et les essuyer. Ôter les filets à l'aide d'un couteau pointu. Ôter la peau des filets avec précaution. Enduire les filets généreusement de sel et de poivre. Laisser macérer au moins 10 minutes. Pendant ce temps, préparer la marinade. Pour ce faire, mélanger la sauce de soja, l'huile de sésame, le jerez, l'eau-de-vie et le sucre. Incorporer la ciboulette finement hachée. Couper les filets de truite en tranches ultrafines, dresser sur un plat et napper de marinade. Mettre au réfrigérateur et laisser macérer ½ heure. Avant de servir, garnir de quelques feuilles de salade placées sous les filets de truite. Parsemer d'œuf dur haché et accompagner de pain grillé.

l'extérieur de sel et de poivre de Séchouan. Pour le glaçage: mélanger le miel au gingembre finement haché, au gingembre en poudre, au vinaigre, à l'huile de chili, au zeste d'orange et à l'huile d'arachide. Enduire l'intérieur et l'extérieur des brèmes du mélange. Faire griller. Durant la cuisson, enduire souvent de glaçage. Garnir de rondelles de citron et du bouquet de persil. Servir aussitôt.

Volaille

La volaille passe également en Chine pour un mets délicat. Elle figure sur toutes les tables et aux repas de fête. On trouve partout poules, poulets, dindes, canards, oies et pigeons et on sait les accommoder à la perfection. L'un des plats chinois les plus célèbres est le canard à la pékinoise. Les canards destinés à ce plat sont élevés selon des règles particulières, qui garantissent le succès de la préparation.

men ji

Poularde braisée au poivre

Ingrédients pour 4 personnes

1 poularde prête à cuire

Pour la marinade:

2 gousses d'ail
1 cuillerée à café de sel
1 cuillerée à soupe de poivre noir égrugé
3 cuillerées à soupe de sauce de soja
1 cuillerée à café de gingembre frais râpé
4 cuillerées à soupe d'huile de sésame

En outre:

2 oignons
2 carottes
300 g de pulpe de melon
2 cuillerées à soupe de sauce tomate
2 cuillerées à soupe de sauce de soja
3 cuillerées à soupe de vinaigre
1 tasse de bouillon de poule
1 cuillerée à café de glutamate
sel
poivre moulu

Comment procéder:

Passer la poularde sous l'eau froide. L'essuyer. Pour la marinade: mélanger l'aïl broyé avec le sel, le poivre noir, la sauce de soja, le gingembre et l'huile de sésame. Enduire l'intérieur et l'extérieur de la poularde du mélange en couche régulière. Laisser macérer au moins 1 heure. Faire préchauffer une daubière. Laisser dorer la poularde dans un peu d'huile. Enduire du reste de marinade. Couvrir et placer dans le four préchauffé. Laisser cuire 40 minutes à 180°C. Pendant la cuisson, enduire fré-

quemment de marinade. Ajouter pour finir les oignons coupés en quatre et les carottes coupées en rondelles. Laisser cuire 10 minutes. Ajouter le melon coupé en dés; mélanger la sauce tomate, la sauce de soja, le vinaigre et le bouillon de poule et verser le mélange sur la poularde. Assaisonner de glutamate, de sel et de poivre. Couvrir de nouveau et laisser cuire encore 30 minutes. Sortir du four et servir la poularde entière. On doit pouvoir détacher la chair des os avec les baguettes.

LE TRUC DU CHEF

La cuisine chinoise aime les plats colorés. Elle a volontiers recours aux colorants alimentaires. On pique d'abord de tous côtés rôtis ou volailles avec une fourchette ou une aiguille, puis on enduit de colorants dilués.

hua sheng zhi ji kuai

Dés de poulet à la sauce de cacahuètes

Ingrédients pour 4 personnes

4 blancs de poulet
1 cuillerée à café de sel
1 piment
4 cuillerées à soupe de saindoux
1 oignon
1 poivron rouge
100 g de cacahuètes pilées
2 cuillerées à soupe de vinaigre
2 cuillerées à soupe de sauce de soja
1 tasse de bouillon de poule
1-2 cuillerées à soupe de fécule
4 cl de cognac
sel
poivre moulu

Comment procéder:

Nettoyer les blancs de poulet sous l'eau froide. Les essuyer et les couper en dés réguliers. Saler généreusement et saupoudrer de fécule. Epépiner et hacher finement le piment. Faire fondre le saindoux dans une poêle. Ajouter le piment. Ajouter le poulet. Faire revenir 3 minutes à feu vif, sans cesser de remuer. Sortir et tenir au chaud. Mettre les oignons et le poivron coupés en rondelles dans la poêle et laisser glacer. Ajouter les cacahuètes pilées. Couvrir de vinaigre, de sauce de soja et de bouillon de poule. Lier avec la fécule. Aromatiser de cognac. Saler et poivrer. Placer le poulet dans la sauce et servir aussitôt.

zha ji kuai

Poularde sautée

Ingrédients pour 4 personnes

1 poularde prête à cuire

Pour la marinade:

3 cuillerées à soupe de chutney à la mangue
2 gousses d'ail
1 cuillerée à café de sel
1 cuillerée à café de gingembre frais râpé
2 cuillerées à café de pâte de soja (ou de pâte de haricots)
2 cl de jerez
1 cuillerée à café de sucre
2 cuillerées à soupe de sauce de soja
2 cuillerées à soupe de fécule

En outre:

2 œufs
2 tasses de chapelure
huile pour la friture

Comment procéder:

Laver la poularde sous l'eau froide. L'essuyer. À l'aide d'un hachoir, la couper en 15 morceaux de la dimension d'une bouchée. Disposer dans un plat. Mélanger le chutney à la mangue, l'ail émincé, le sel, le gingembre, la pâte de soja, le jerez, le sucre, la sauce de soja et la fécule. Verser sur les morceaux de poularde. Mettre au réfrigérateur et laisser macérer au moins 2 heures. Rouler ensuite les morceaux de poularde dans les œufs battus et dans la chapelure. Faire frire et servir aussitôt.

LE TRUC DU CHEF

Outre la pâte de haricots forts on utilise aussi en Chine la pâte de haricots rouges, faite de haricots rouges réduits en purée et sucrés. On trouve encore la sauce de haricots sucrée et la sauce de haricots jaune. Toutes deux sont servies comme sauces d'accompagnement ou employées pour la cuisson.

bolizhi ji

Poulet sous cellophane

Ingrédients pour 4 personnes

4 blancs de poulet

Pour la marinade:

2 cuillerées à soupe de vinaigre
2 cuillerées à soupe de sauce de soja
2 cuillerées à soupe de sauce hoi sin
1 cuillerée à café de sucre
½ cuillerée à café de glutamate
2 cl de jerez

Pour la farce:

1 botte d'oignons nouveaux
100 g de germes de soja
50 g de champignons chinois
100 g de quartiers de mandarine

En outre:

de la cellophane
huile pour la friture

Comment procéder:

Nettoyer les blancs de poulet sous l'eau froide; les essuyer, puis les couper en dés. Disposer dans un plat. Pour la marinade: mélanger le vinaigre, la sauce de soja, la sauce hoi sin, le sucre, le glutamate et le jerez. Verser sur le poulet. Laisser macérer au moins 2 heures au réfrigérateur. Pour la farce: couper les oignons en minces rondelles, incorporer les germes de soja; bien égoutter les champignons et les couper en fines lamelles, ainsi que les quartiers de mandarine. Découper la cellophane en 12 carrés égaux. Répartir sur chaque carré le poulet, les oignons, les germes de soja, les champignons et les mandarines en égale quantité. Fermer chaque carré de cellophane comme une enveloppe. Faire chauffer l'huile dans une poêle et faire frire les carrés 5 minutes à feu moyen. Sortir et servir aussitôt.

ji chao zhu gan

Poulet aux foies de porc et aux brocolis

Ingrédients pour 4 personnes

2 blancs de poulet
2 cuillerées à soupe de sauce de soja
1 cuillerée à café de gingembre frais râpé
1 cuillerée à café de sel
1 cuillerée à soupe de fécule
250 g de foies de porc
quelques gouttes d'huile de chili
½ cuillerée à café d'anis moulu
env. 1 tasse de farine

En outre:

5 cuillerées à soupe d'huile de sésame
1 oignon
2 gousses d'ail
1 cuillerée à café de sel
2 cuillerées à soupe de sauce hoi sin
½ tasse de bouillon de poule
1 cuillerée à café de glutamate
400 g de brocolis précuits
sel
poivre moulu

Comment procéder:

Laver les blancs de poulet sous l'eau froide; les essuyer et les couper en dés. Mélanger la sauce de soja, le gingembre râpé, le sel et la fécule; enduire le poulet du mélange. Laver les foies de porc sous l'eau froide; les essuyer et les couper en dés. Verser l'huile de chili et assaisonner d'anis. Rouler les foies dans la farine. Faire chauffer 2 cuillerées à soupe d'huile de sésame dans une poêle. Faire bien revenir le poulet. Ôter de la poêle et tenir au chaud. Ajouter 2 autres cuillerées à soupe d'huile de sésame, faire chauffer et faire revenir les dés de fois; ôter de la poêle et tenir au chaud. Mettre la dernière cuillerée d'huile dans la poêle, ajouter l'oignon émincé et l'ail broyé avec le sel. Faire cuire brièvement. Mélanger la sauce hoi sin, le bouillon de poule et le glutamate. Verser le mélange dans la poêle. Mettre les brocolis précuits et coupés en petits morceaux dans la poêle, laisser cuire à peine. Saler et poivrer. Ajouter les dés de poulet et de porc. Mélanger le tout avec précaution et servir aussitôt.

tang cu chao ji

Poulet aigre-doux

Ingrédients pour 4 personnes

4 blancs de poulet
sel
poivre moulu
4 cuillerées à soupe d'huile de sésame
1 oignon
1 poivron rouge et 1 poivron vert
4 tranches d'ananas
2 cuillerées à soupe de sauce tomate
4 cuillerées à soupe de vinaigre
2 cuillerées à soupe de sauce de soja
2 tasses de bouillon de poule
2 cuillerées à soupe de pâte de soja
quelques gouttes d'huile de chili
1-2 cuillerées à soupe de fécule
1 cuillerée à café de glutamate

Comment procéder:

Laver les blancs de poulet sous l'eau froide. Les essuyer. Les couper en tranches minces. Saler et poivrer. Faire chauffer l'huile de sésame dans une poêle. Faire bien revenir les tranches de poulet. Les retirer de la poêle et les tenir au chaud. Couper l'oignon, les poivrons et les tranches d'ananas en dés. Les mettre dans le reste d'huile et laisser glacer 5 minutes. Délayer la sauce tomate avec le vinaigre, la sauce de soja, le bouillon de poule, la pâte de soja et l'huile de chili. Verser la fécule et lier. Assaisonner de glutamate, de sel et de poivre. Ajouter les tranches de poulet, porter à ébullition et servir aussitôt.

shao yanji

Poularde farcie cuite au sel

Ingrédients pour 4 personnes

1 poularde prête à cuire

Pour la farce:

2 cuillerées à soupe d'huile de sésame
½ poireau
½ oignon
½ poivron rouge
50 g de germes de soja
2 œufs
1 pointe de gingembre en poudre
1 cuillerée à café de poivre noir égrugé

En outre:

env. 2 kg de sel

Comment procéder:

Nettoyer la poularde sous l'eau froide, l'essuyer; laisser sécher toute la nuit. Pour la farce: faire chauffer l'huile de sésame dans une poêle. Eplucher, laver et couper le poireau, l'oignon et le poivron en fines lanières. Laisser glacer. Ajouter les germes de soja et les faire revenir brièvement. Battre les œufs dans une jatte; assaisonner de gingembre en poudre et de poivre noir. Ajouter les œufs aux légumes; les faire cuire sans cesser de remuer. Farcir la poularde avec les légumes, puis la brider. Saupoudrer le fond d'un plat de sel et placer la poularde dessus. Répartir le reste de sel sur la poularde, de façon qu'elle soit recouverte. Mettre le plat dans le four préchauffé. Laisser cuire environ ½ heure à 200°C. Sortir du four, ôter le sel et servir aussitôt.

bai cai ji rou juan

Roulades de chou de Chine farcies au poulet

Ingrédients pour 4 personnes

1 chou de Chine de grosseur moyenne

Pour la farce:

2 blancs de poulet
2 cuillerées à soupe d'huile de sésame
1 gousse d'ail
½ cuillerée à café de gingembre frais râpé
100 g de germes de soja
100 g de haricots verts (surgelés)
50 g de champignons chinois
50 g de noix pilées
2 cuillerées à soupe de sauce de soja
2 cuillerées à soupe de sauce d'huîtres
1 cuillerée à café de glutamate
sel
poivre moulu

En outre:

de l'huile pour la friture

Comment procéder:

Éplucher le chou de Chine et séparer les feuilles. Faire bouillir de l'eau salée dans une marmite; faire blanchir rapidement les feuilles de chou, les enlever et les étaler sur un plan de travail. Pour la farce: couper les blancs de poulet en tout petits dés. Faire chauffer l'huile dans une poêle; faire revenir brièvement l'ail émincé et le gingembre. Ajouter le poulet et faire dorer. Ajouter les germes de soja, les haricots verts, les champignons émincés et les noix pilées. Faire revenir le tout brièvement. Assaisonner de sauce de soja, de glutamate, de sel et de poivre. Ôter la poêle du feu et laisser un peu refroidir. Mettre les feuilles de chou par 3 et garnir de farce. Rouler les feuilles; fermer. Faire autant de roulades qu'il y a suffisamment de farce. Faire chauffer l'huile dans une poêle; faire dorer les roulades, les sortir et servir aussitôt.

zui ji

Poulet ivre

Ingrédients pour 4 personnes

Pour le bouillon:

1,5 l d'eau
2 cuillerées à soupe de sel
4 cuillerées à soupe de sauce de soja claire
1 cuillerée à soupe de gingembre frais râpé
1 tasse de vinaigre
2 oignons
2 feuilles de laurier
quelques clous de girofle
3 bâtons d'anis étoilé
2 cuillerées à soupe de glutamate

En outre:

½ l de vin blanc
¼ l de jerez

Comment procéder:

Nettoyer le poulet sous l'eau froide et l'essuyer. Mettre de l'eau dans une grande marmite; ajouter toutes les épices. Porter à ébullition et ajouter le poulet. Couvrir et laisser mijoter 30 minutes à feu moyen. Retirer du feu et laisser macérer 2 heures dans le bouillon. Sortir le poulet de la marmite et le couper en une vingtaine de morceaux de la dimension d'une bouchée. Placer le poulet dans un plat creux; arroser de vin blanc et de jerez. Couvrir et laisser macérer au moins 2 jours au réfrigérateur. Sortir du réfrigérateur et servir froid. On peut aussi faire revenir le poulet dans un peu d'huile et le servir chaud.

beijing ya

Canard à la pékinoise

Ingrédients pour 4 personnes

1 beau canard fermier prêt à cuire

Pour le glaçage:

3 cuillerées à soupe de miel
1 tasse de jerez
1 cuillerée à soupe de sel
½ cuillerée à café de gingembre frais râpé

Pour la crêpe:

300 g de farine
¼ l d'eau bouillante
1-2 cuillerées à soupe d'huile de sésame

En outre:

sauce hoi sin
sauce de prunes
oignons nouveaux
concombre coupé en lanières

Comment procéder:

Passer le canard prêt à cuire sous l'eau froide et l'essuyer. Porter à ébullition dans une marmite une grande quantité d'eau salée; faire blanchir le canard 5 secondes, le sortir, l'essuyer et le suspendre toute la nuit. Pour le glaçage: mélanger le miel, le jerez, le sel et le gingembre. Enduire le canard bien sec du mélange, à l'intérieur et à l'extérieur. Suspendre le canard de nouveau au moins 5 heures. Mettre le canard dans le four préchauffé; laisser rôtir 90 minutes-120 minutes à 200°C selon la grosseur. Pendant ce temps, tamiser la farine dans un saladier; délayer avec l'eau bouillante et travailler jusqu'à obtention d'une pâte souple. Pétrir la pâte 10 minutes; former des boulettes et laisser reposer celles-ci au moins 30 minutes. Pétrir de nouveau les boulettes de pâte et former un rouleau de 5 cm de diamètre. Découper des tranches de 1 cm. Enduire chaque tranche de pâte d'huile de sésame et grouper les tranches par deux. À partir du centre, étirer en roulant la double tranche pour obtenir une galette de 15 cm environ de diamètre. Procéder de la même façon pour les autres tranches. Mettre une poêle à préchauffer. Faire revenir les galettes, sans huile, des deux côtés. Veiller à secouer la poêle constamment pour qu'elles ne brûlent pas. Quand des taches légèrement brun-jaune apparaissent, les galettes sont cuites. Poser sur la table les galettes avec les sauces et les oignons ainsi que le concombre coupés en lanières. Servir le canard, la croûte d'abord, puis la viande. Pour manger le canard à la pékinoise: enduire une galette de sauce, la garnir de croûte ou de viande ainsi que d'oignons ou de concombre et mordre dans la galette refermée.

tang cu ya

Dés de canard aigres-doux aux fruits

Ingrédients pour 4 personnes

500 g de canard rôti
3 cuillerées à soupe d'huile de sésame
1 oignon
1 céleri-branche
2 tranches d'ananas
50 g de litchis
100 g de melon
2 cuillerées à soupe de sauce de soja
2 cuillerées à soupe de sauce hoi sin
1 tasse de bouillon de poule
2 cuillerées à soupe de sauce tomate
½ tasse de vinaigre
1 cuillerée à café de sucre
1-2 cuillerées à soupe de fécule
sel
poivre moulu

Comment procéder:

Couper le canard en morceaux de la dimension d'une bouchée. Faire chauffer l'huile de sésame dans une poêle; faire dorer le canard de tous les côtés, retirer de la poêle et tenir au chaud. Couper l'oignon et le céleri en petits dés; ajouter au reste d'huile et laisser glacer. Couper les tranches d'ananas en dés; les ajouter aux légumes avec les litchis et le melon coupés en dés. Faire revenir le tout brièvement. Ajouter la sauce de soja, la sauce hoi sin et le bouillon de poule. Ajouter la sauce tomate, le vinaigre et le sucre. Lier avec la fécule. Saler et poivrer. Ajouter le canard, mélanger et servir aussitôt.

LE TRUC DU CHEF

On peut, naturellement, préparer ce plat avec du poulet rôti. Mais on peut aussi remplacer la volaille par de la viande crue. Il est recommandé, cependant, de faire mariner la viande au préalable.

shao ya bai cai

Canard cuit à l'eau de chou de Chine

Ingrédients pour 4 personnes

1 canard prêt à cuire
½ l de bouillon de viande
200 g de jambon fumé
2 cuillerées à soupe de sauce de prunes
quelques gouttes d'huile de chili
½ tasse de vinaigre
1 cuillerée à soupe de glutamate
1 cuillerée à café de sucre
1 cuillerée à café de gingembre frais râpé

En outre:

2 bottes d'oignons nouveaux
1 petit chou de Chine
sel
poivre moulu
1 cuillerée à soupe de vert de coriandre haché

Comment procéder:

Passer le canard prêt à cuire sous l'eau froide et l'essuyer. Porter à ébullition une grande quantité d'eau salée. Laisser cuire le canard 15 minutes à feu moyen, le sortir et le nettoyer une nouvelle fois. Verser le bouillon de viande dans une cocotte. Ajouter le jambon fumé coupé en lanières. Ajouter la sauce de prunes, l'huile de chili, le vinaigre, le glutamate et le gingembre. Ajouter le canard, fermer la cocotte. Mettre dans le four préchauffé et laisser cuire 90 minutes à 180°C. 10 minutes avant la fin de la cuisson, ajouter les oignons et le chou coupés en lanières. Avant de servir, saler, poivrer et parsemer de vert de coriandre haché.

Légumes

Pour une large part, les recettes de légumes de la cuisine chinoise sont placées sous l'influence de la conception religieuse et de la tradition culinaire des moines bouddhistes. Cloîtres et temples ont vu naître une cuisine végétarienne d'une absolue perfection, qui, comme nulle autre, sait jouer des diverses saveurs de chaque légume. Mélange et cuisson adéquats sont les clés de cette réussite.

men qin cai

Jardinière de légumes braisés

Ingrédients pour 4 personnes

4 cuillerées à soupe d'huile d'arachide
2 gousses d'ail
1 cuillerée à café de sel
1 cuillerée à café de gingembre frais râpé
1 oignon
1 petit céleri
1 poivron rouge et 1 poivron vert
100 g de germes de soja
100 g de haricots verts (surgelés)
2 cuillerées à soupe de sauce de soja
2 cuillerées à soupe de sauce hoi sin
jus d'un citron
1 tasse de bouillon de poule
100 g de chou de Chine
sel
poivre moulu
1 cuillerée à café de glutamate

Comment procéder:

Faire chauffer l'huile dans une grande poêle. Faire revenir rapidement l'ail émincé et broyé avec le sel ainsi que le gingembre frais. Éplucher, laver et couper l'oignon, le céleri et les poivrons en minces lanières. Mettre dans l'huile et laisser glacer. Ajouter les germes de soja et les haricots. Faire revenir brièvement. Verser la sauce de soja, la sauce hoi sin, le jus de citron et le bouillon de poule. Porter le tout à ébullition. Éplucher et couper le chou de Chine en minces lanières. Ajouter aux légumes. Saler, poivrer, ajouter le glutamate et servir aussitôt.

LE TRUC DU CHEF

L'ail fait aussi partie de la cuisine chinoise. On l'apprécie particulièrement pour aromatiser l'huile et la graisse. C'est une liliacée, probablement originaire d'Asie. Il doit sa saveur – qui n'est pas toujours appréciée – à des polysulfures d'allyle qu'éliminent la peau et les muqueuses après ingestion.

chao gan lan

Chou frisé cuit «au rouge»

Ingrédients pour 4 personnes

1 chou frisé de grosseur moyenne
50 g de champignons chinois
1 botte d'oignons nouveaux
2 gousses d'ail
1 cuillerée à café de sel
2 cuillerées à soupe d'huile de sésame
1 tasse de bouillon de poule
2 cuillerées à soupe de sauce de soja
2 cuillerées à soupe de sauce de prunes
3 cuillerées à soupe de vinaigre
1 cuillerée à café de sucre
1 cuillerée à café de sel
1 cuillerée à soupe de glutamate
quelques gouttes d'huile de chili

Comment procéder:

Éplucher, laver et couper le chou en morceaux de la dimension d'une bouchée. Couper en petits dés les champignons préalablement trempés. Éplucher, laver et couper les oignons en rondelles très minces. Émincer l'ail et le broyer avec le sel. Faire chauffer l'huile dans une casserole; ajouter l'ail et faire revenir brièvement. Ajouter le reste des légumes et faire braiser 5 minutes. Mélanger le bouillon de poule, la sauce de soja, la sauce de prunes, le vinaigre, le sucre et le sel. Verser sur les légumes. Couvrir et laisser mijoter 10 minutes à feu moyen. Assaisonner de glutamate et d'huile de chili. Servir aussitôt.

gan lan cai

Chou frisé à la sauce tomate aigre-douce

Ingrédients pour 4 personnes

1 chou frisé de grosseur moyenne
3 cuillerées à soupe d'huile de sésame
1 cuillerée à soupe de sel
1 tasse de bouillon de poule
1 pointe de gingembre
1 cuillerée à café de glutamate

Pour la sauce:

3 cuillerées à soupe d'huile de sésame
1 oignon
100 g de jambon fumé
1 tasse de bouillon de poule
2 cuillerées à soupe de sauce de soja
2 cuillerées à soupe de sauce tomate
½ tasse de vinaigre
2 cuillerées à soupe de sucre
½ cuillerée à café de sel
quelques gouttes d'huile de chili
2-3 cuillerées à soupe de fécule

Comment procéder:

Éplucher, laver et couper le chou en fines lanières. Faire chauffer l'huile de sésame dans une casserole; ajouter le chou et faire cuire rapidement sans cesser de remuer. Saupoudrer de sel, couvrir de bouillon de poule. Assaisonner de gingembre et de glutamate. Couvrir et laisser mijoter 4-5 minutes à feu moyen. Pour la sauce: faire chauffer l'huile de sésame dans une poêle. Laisser glacer l'oignon coupé en fines rondelles. Ajouter le jambon coupé en fines lanières; faire revenir rapidement. Mélanger le bouillon de poule, la sauce de soja, la sauce tomate et le vinaigre. Verser le mélange dans la poêle. Assaisonner de sucre, de sel et d'huile de chili. Lier avec la fécule. Dresser le chou sur un plat; napper de sauce et servir aussitôt.

ji zhi qin cai

Brocolis à la crème de poulet

Ingrédients pour 4 personnes

500 g de brocolis

Pour la sauce:

1 blanc de poulet
2 blancs d'œufs
1 tasse de bouillon de poule
1 cuillerée à soupe de fécule
½ cuillerée à café de glutamate
1 cuillerée à café de sel
poivre blanc moulu
1 pointe de gingembre en poudre

En outre:

2 cuillerées à soupe d'huile
100 g de jambon cuit
1 bouquet de ciboulette

Comment procéder:

Faire blanchir les brocolis à l'eau salée, les sortir les faire égoutter et les couper en morceaux de la dimension d'une bouchée. Pour la sauce: hacher très fin le poulet et mettre dans un plat. Ajouter les blancs d'œufs, le bouillon de poule, la fécule et le glutamate. Bien mélanger le tout. Assaisonner de sel, de poivre et de gingembre. Bien mélanger une nouvelle fois, jusqu'à obtention d'une pâte lisse. Faire chauffer l'huile dans une poêle. Faire revenir les brocolis 3 minutes sans cesser de remuer. Ôter les brocolis de la poêle et tenir au chaud. Verser la sauce dans la poêle et remuer jusqu'à obtention d'une sauce épaisse. Ajouter les brocolis et laisser cuire à peine. Sortir les brocolis de la poêle, le dresser sur un plat. Parsemer du jambon coupé en dés et de ciboulette fraîchement hachée.

nai dun bai cai

Chou de Chine braisé au lait

Ingrédients pour 4 personnes

1 chou de Chine de grosseur moyenne
3 cuillerées à soupe d'huile de sésame
1 botte d'oignons nouveaux
100 g de crabe ou de crevettes
1 tasse de bouillon de poule
1 cuillerée à café de sel
½ cuillerée à café de gingembre frais râpé
1 tasse de lait
1-2 cuillerées à soupe de fécule
poivre moulu
1 cuillerée à soupe de vert de coriandre haché

Comment procéder:

Éplucher, laver et couper le chou de Chine en morceaux de la dimension d'une bouchée. Faire chauffer l'huile de sésame dans une casserole; faire revenir rapidement les oignons coupés en rondelles. Égoutter les crevettes passées sous l'eau froide; ajouter aux oignons et faire revenir rapidement. Ajouter le chou; couvrir de bouillon de poule. Assaisonner de sel et de gingembre. Délayer la fécule avec le lait. Lier les légumes. Ajouter encore du sel et du poivre; parsemer de vert de coriandre haché et servir aussitôt.

huo tui chao tian suan bai cai

Chou de Chine aigre-doux au jambon

Ingrédients pour 4 personnes

1 chou de Chine de grosseur moyenne
3 cuillerées à soupe d'huile d'arachide
100 g de jambon cru
1 oignon
1 poivron rouge et 1 poivron vert
50 g de champignons chinois
1 tasse de bouillon de poule
2 cuillerées à soupe de sauce tomate
1 cuillerée à café de glutamate
½ tasse de vinaigre
2 cuillerées à soupe de sauce de soja
2 cuillerées à soupe de miel
1 cuillerée à café de sel
½ cuillerée à café de sucre
quelques gouttes d'huile de chili
1-2 cuillerées à café de fécule

Comment procéder:

Éplucher, laver et couper le chou de Chine en morceaux de la dimension d'une bouchée. Faire chauffer l'huile d'arachide dans une poêle; faire glacer le jambon coupé en petits dés. Couper l'oignon et les poivrons en dés grossiers. Ajouter au jambon et faire revenir rapidement. Ajouter les champignons émincées. Mélanger le bouillon de poule, la sauce tomate, le glutamate, le vinaigre, la sauce de soja, le miel et le sel. Mettre dans la poêle ainsi que le chou de Chine et faire braiser le tout 2 minutes. Assaisonner de sucre et d'huile de chile. Lier avec la fécule délayée dans un peu d'eau.

la huang gua

Concombre piquant farci

Ingrédients pour 4 personnes

1 gros concombre

Pour la farce:

200 g de porc haché
2 gousses d'ail
1 cuillerée à café de sel
½ cuillerée à café de gingembre frais râpé
1 bouquet de ciboulette
1 œuf
2 cuillerées à soupe de fécule
poivre moulu
1 cuillerée à soupe de moutarde demi-forte
1 cuillerée à café de glutamate

Pour la sauce

4 cuillerées à soupe d'huile d'arachide
1 tasse de bouillon de poule
2 cuillerées à soupe de sauce de soja
2 cuillerées à soupe de sauce hoi sin
2 cl de jerez

Comment procéder:

Laver et couper le concombre en 4 morceaux d'égale grosseur. Ôter les pépins à l'aide d'une cuiller à café. Mettre la viande hachée dans un plat. Ajouter l'ail broyé avec le sel, le gingembre, la ciboulette hachée, l'œuf et la fécule. Travailler le tout jusqu'à obtention d'une masse homogène. Assaisonner de poivre, de moutarde et de glutamate. Farcir le concombre de ce mélange. Faire chauffer l'huile d'arachide dans une grande poêle. Couper le concombre en tranches de 1 cm; faire bien revenir chaque tranche des deux côtés; retirer de la poêle et tenir au chaud. Une fois les tranches de concombres cuites, mettre le bouillon de poule, la sauce de soja, la sauce hoi sin et le jerez dans le reste d'huile; porter à ébullition. Verser cette sauce sur le concombre et servir aussitôt.

LE TRUC DU CHEF

Il existe une variante de cette recette. On enrobe le concombre de pâte et on le fait cuire rapidement dans la friture. Il faut, toutefois, que l'opération soit ultrarapide, sinon le concombre s'amollit et rend trop d'eau.

bo cai

Épinards au gingembre

Ingrédients pour 4 personnes

400 g d'épinards
2 cuillerées à soupe d'huile d'arachide
2 gousses d'ail
1 cuillerée à café de sel
2 tubercules de gingembre confits au sirop
2 cuillerées à soupe de sauce de soja
4 cuillerées à soupe de vinaigre
1 cuillerée à café de sucre brun
1 tasse de bouillon de poule
1 cuillerée à café de glutamate
1 cuillerée à soupe de fécule

Comment procéder:

Trier, laver et couper les épinards en lanières. Faire chauffer l'huile d'arachide dans une poêle; faire revenir rapidement l'ail émincé et broyé avec le sel. Ajouter le gingembre coupé fin. Mélanger la sauce de soja, le vinaigre, le sucre, le bouillon de poule et le glutamate. Verser le mélange dans la poêle. Lier légèrement avec la fécule délayée. Ajouter les épinards; porter à ébullition et servir aussitôt.

suan sha la

Salade de légumes aigre

Ingrédients pour 4 personnes

1 botte de radis
1 petit chou de Chine
2 tranches d'ananas
100 g de cresson de fontaine
100 g de jambon cuit
1 petit verre de mixed pickles
1 piment
2 cuillerées à soupe de sauce de soja
3 cuillerées à soupe d'huile d'arachide
1 cuillerée à café de glutamate
1 cuillerée à café de sucre
sel
poivre moulu
fines herbes de saison

Comment procéder:

Éplucher, laver et couper les radis en rondelles. Éplucher, laver et couper le chou de Chine en fines lanières. Couper les tranches d'ananas en petits dés. Trier le cresson, le laver et le mettre dans un plat avec les autres ingrédients. Ajouter le jambon coupé en fines lanières. Mélanger le tout avec précaution. Mettre les mixed pickles dans une casserole. Ajouter le piment finement haché, la sauce de soja et l'huile d'arachide. Faire chauffer. Assaisonner de glutamate, de sucre, de sel et de poivre. Verser chaud sur la salade, tourner. Parsemer de finee herbes et servir aussitôt.

ji sha la

Salade de poulet braisée

Ingrédients pour 4 personnes

100 g de poulet rôti ou cuit à l'eau
50 g de champignons chinois
2 carottes
1 céleri
1 oignon
1 poivron rouge
100 g de pousses de bambou
100 g de melon
2 tomates
4 cuillerées à soupe d'huile de sésame

Pour la sauce:

1 tasse de bouillon de poule
2 cuillerées à soupe de chutney à la mangue
2 cuillerées à soupe de sauce tomate
3 cuillerées à soupe de vinaigre
1 pointe de gingembre en poudre
1 cuillerée à café de glutamate
½ cuillerée à café de sucre
1 cuillerée à soupe de fécule
sel
poivre moulu

Comment procéder:

Couper le poulet en fines lamelles. Mettre les champignons à égoutter, puis les couper également en fines lamelles. Éplucher, laver et couper les carottes, le céleri, l'oignon et le poivron en fines lamelles. Couper aussi les pousses de bambou en fines lamelles. Couper le melon en petits dés. Peler, épépiner et couper les tomates en petits dés. Faire chauffer l'huile de sésame dans une poêle. Ajouter tous les ingrédients et faire revenir rapidement. Mélanger tous les ingrédients de la sauce; verser sur les légumes. Couvrir et laisser braiser 3 minutes. Poivrer et saler de nouveau. Servir chaud ou froid.

LE TRUC DU CHEF

Il n'est pas habituel que la salade figure comme mets dans un repas chinois. La cuisine chinoise, contrairement à la cuisine occidentale, ne présente pratiquement pas de recettes sur la manière d'accommoder la salade ou les légumes crus. On ébouillante ou blanchit généralement ces ingrédients.

Soupes

C'est intentionnellement que ce chapitre figure à la fin du présent livre. En effet, bien que les Chinois considèrent les soupes comme des mets de choix elles ne constituent pas, à leurs yeux, à l'inverse de la conception européenne, un plat à part entière et ne sont que rarement servies en entrée. Au fil des siècles, l'art culinaire des soupes s'est développé dans les diverses régions, et chaque famille a ses propres recettes. Les soupes, cependant, ont toutes un point commun: on les présente avec amour et chacune ressemble à une composition florale aux couleurs somptueuses.

fen si niu rou tang

Soupe de bœuf aux nouilles de riz

Ingrédients pour 4 personnes

200 g de bœuf haché (tartare)
3 cuillerées à soupe d'huile de sésame
1 botte d'oignons nouveaux
1 poivron rouge
100 g de nouilles de riz déshydratées, puis trempées
1 tubercule de gingembre confit au sirop
2 cuillerées à soupe de sauce de soja
quelques gouttes d'huile de chili
¾ l de bouillon de viande
sel
poivre moulu
1 cuillerée à café de glutamate
1 bouquet de persil

Comment procéder:

Écraser la viande hachée avec une fourchette. Faire chauffer l'huile de sésame dans une casserole. Faire bien revenir la viande. Ajouter les oignons coupés en dés ainsi que le poivron coupé en petits morceaux. Faire revenir rapidement. Ajouter les nouilles de riz et le gingembre coupé en petits dés. Verser la sauce de soja et l'huile de chili. Couvrir de bouillon de viande. Saler, poivrer. Ajouter le glutamate. Parsemer de persil fraîchement haché et servir aussitôt.

LE TRUC DU CHEF

Si l'on a la possibilité de faire ses achats dans un magasin chinois spécialisé, il faut acheter du varech déshydraté pour confectionner cette soupe. Il convient de faire d'abord tremper le varech dans de l'eau. Il développe ensuite son plein arôme dans la soupe et ajoute encore à la saveur de celle-ci.

dan hua xia tang

Soupe au crabe aux œufs

Ingrédients pour 4 personnes

50 g de jambon cuit
1 botte d'oignons nouveaux
1 carotte
1 petit céleri
100 g de crabe ou de crevettes
¾ l de bouillon de poule
sel
poivre moulu
1 cuillerée à café de glutamate
1 pointe de gingembre en poudre
2 œufs
1 cuillerée à soupe de sauce de soja
1 cuillerée à café d'huile de sésame

Comment procéder:

Couper le jambon, les oignons, la carotte et le céleri en lamelles ultrafines. Passer le crabe sous l'eau froide. L'essuyer. Verser le bouillon de poule dans une casserole. Laisser cuire les ingrédients 5 minutes. Assaisonner de sel, de poivre, de glutamate et de gingembre en poudre. Battre les œufs avec la sauce de soja et l'huile de sésame. Tamiser et ajouter à la soupe légèrement frémissante. Vérifier l'assaisonnement et servir aussitôt.

qin tang

Soupe de riz claire

Ingrédients pour 4 personnes

1 blanc de poulet
2 cuillerées à soupe d'huile de sésame
1 botte d'oignons nouveaux
50 g de champignons chinois
100 g de germes de soja
100 g de champignons frais
100 g de haricots verts (surgelés)
2 tasses de riz cuit
1 l de bouillon de poule
2 cuillerées à soupe de sauce hoi sin
½ cuillerée à café de gingembre frais râpé
1 gousse d'ail
½ cuillerée à café de sel
poivre moulu
1 cuillerée à café de glutamate
4 cl de vin de riz
1 bouquet de ciboulette

Comment procéder:

Couper le poulet en petits dés. Faire chauffer l'huile de sésame dans une casserole. Faire bien dorer les dés de poulet. Ajouter les oignons et les champignons chinois coupés en petits dés. Faire cuire rapidement. Ajouter les germes de soja, les champignons coupés en lamelles et les haricots verts. Faire cuire rapidement. Ajouter le riz cuit. Verser le bouillon de poule. Assaisonner de sauce hoi sin, de gingembre, de l'ail broyé avec le sel, de poivre et de glutamate. Aromatiser de vin de riz. Parsemer de ciboulette fraîchement coupée et servir aussitôt.

da bian lu

Pot à feu gourmand

Ingrédients pour 4 personnes

300 g de filet de bœuf
300 g de filet de porc
2 blancs de poulet
200 g de chou-fleur
3 carottes
1 botte d'oignons nouveaux
200 g de champignons frais
1,5 l de bouillon de poule bien assaisonné

Pour la sauce au citron:

½ tasse de mayonnaise
½ tasse de crème fraîche
jus de 2 citrons
1 bouquet de citronnelle
1 cuillerée à soupe de sauce de soja
sel
poivre moulu
2 cl de jerez

Pour la sauce à la ciboulette:

1 botte d'oignons nouveaux
1 bouquet de ciboulette
1 cuillerée à soupe de sauce hoi sin
2 cuillerées à soupe de sauce tomate
1 tasse de mayonnaise
sel
poivre moulu

Pour la sauce au gingembre:

3 tubercules de gingembre confits au sirop
2 gousses d'ail
1 cuillerée à café de sel
1 cuillerée à soupe de sauce de soja
2 cuillerées à soupe de miel
1 pot de yaourt
1 pointe de gingembre en poudre
1 cuillerée à café de curry
poivre moulu
quelques gouttes d'huile de chili

En outre:

sauce hoi sin
sauce de prunes
sauce d'huîtres
sauce de soja

Comment procéder:

Couper le filet de bœuf, le filet de porc et les blancs de poulet en tranches très minces. Disposer en quantités égales sur 4 assiettes. Dresser les bouquets de chou-fleur, les carottes coupées en fines rondelles, les oignons coupés en morceaux de 5 cm et les champignons épluchés et lavés sur 4 assiettes. Porter lentement à ébullition le bouillon de poule dans un poêlon à fondue. Pendant ce temps, mélanger tous les ingrédients. Saler et poivrer. Pour la sauce au gingembre: hacher le gingembre menu et broyer l'ail avec le sel. Mélanger les ingrédients. Ajouter le gingembre en poudre, le curry, le poivre et l'huile de chili. Disposer la viande, les légumes et les sauces (faites maison ou prêtes à l'emploi) sur la table dans des récipients différents. Placer le poêlon à fondue au centre de la table, afin que chaque convive y ait accès facilement. Donner à chacun des passoires à fondue individuelles et des fourchettes à fondue. Chaque convive fera cuire les ingrédients selon son goût dans le bouillon de poule en ébullition, avant de les tremper dans la sauce. Présenter avec du pain au levain ou de la baguette.

suan la cai tang

Soupe de légumes aigre-piquante

Ingrédients pour 4 personnes

100 g de jambon cuit
2 cuillerées à soupe d'huile de sésame
1 piment
1 oignon
1 carotte
1 céleri
1 poivron rouge et 1 poivron vert
50 g de champignons chinois
100 g de pousses de bambou
3 cuillerées à soupe de vinaigre
2 cuillerées à soupe de sauce de soja
¾ l de bouillon de viande
2 cuillerées à soupe de fécule
sel
poivre
quelques gouttes d'huile de chili

Comment procéder:

Couper le jambon en petits dés. Faire chauffer l'huile de sésame dans une poêle. Faire revenir le piment épépiné et finement haché. Éplucher, laver et couper les légumes en petits dés. Ajouter au jambon, ainsi que les champignons coupés en dés. Laisser glacer. Ajouter les pousses de bambou coupées en dés. Faire revenir rapidement. Ajouter le vinaigre, la sauce de soja et le bouillon de viande. Couvrir et laisser cuire 5 minutes à petits bouillons. Délayer la fécule avec un peu d'eau. Lier la soupe. Saler, poivrer; ajouter l'huile de chili et servir.

yumi xia tang

Velouté de maïs au crabe

Ingrédients pour 4 personnes

2 cuillerées à soupe d'huile de sésame
1 botte d'oignons nouveaux
1 poivron rouge
100 g de crabe ou de crevettes
500 g de maïs
¾ l de bouillon de viande
4 cl de jerez
1 cuillerée à café de sucre
1 cuillerée à soupe de sauce de soja
1-2 cuillerées à soupe de fécule
2 blancs d'œufs
sel
poivre moulu
1 bouquet de ciboulette

Comment procéder:

Faire chauffer l'huile de sésame dans une casserole. Laisser glacer les oignons coupés en petits dés et le poivron coupé en petits morceaux. Ajouter le crabe ou les crevettes. Faire cuire rapidement. Réduire en purée la moitié du maïs; ajouter aux ingrédients avec le reste du maïs. Faire cuire rapidement. Couvrir de bouillon de viande. Mélanger le jerez, le sucre, la sauce de soja et la fécule; lier légèrement la soupe. Battre les blancs d'œufs; mélanger à la soupe frémissante. Saler et poivrer. Parsemer de ciboulette fraîchement coupée et servir.

huo guo

Fondue chinoise

Ingrédients pour 4 personnes

300 g de filet d'agneau
300 g de filet de bœuf
1 petit chou de Chine
2 carottes
1 botte d'oignons nouveaux
200 g d'épinards
1,5 poivron rouge et 1,5 poivron vert

Pour le bouillon:

1,5 l de bouillon de poule
100 g de champignons chinois
2 cuillerées à soupe de sauce de soja
½ tasse de jerez

Pour la sauce au paprika:

½ poivron rouge et ½ poivron vert
1 petit oignon
½ tasse de mayonnaise
½ tasse de crème fraîche
1 cuillerée à soupe de sauce de prunes
quelques gouttes d'huile de chili
½ cuillerée à café de paprika en poudre (doux)
½ cuillerée à café de sucre
sel
poivre de Séchouan moulu

Pour la sauce d'ail:

4 gousses d'ail
1 cuillerée à café de sel
1 bouquet de ciboulette
1 pot de yaourt
½ tasse de crème fraîche
1 cuillerée à soupe de sauce de soja
poivre moulu
4 cl de jerez ou de cognac

Pour la sauce d'œufs:

2 œufs durs
1 botte d'oignons nouveaux
2 cuillerées à soupe de miel
2 cuillerées à soupe de vinaigre
1 tasse de crème fraîche
quelques gouttes d'huile de chili
2 cuillerées à soupe de sauce de soja
sel
poivre moulu

En outre:

sauce de prunes
sauce hoi sin
sauce de soja
100 g de nouilles de riz cuites

Comment procéder:

Couper la viande en tranches ultrafines et disposer sur 4 assiettes. Éplucher et laver les légumes; couper le chou de Chine en 4 dans le sens de la longueur, ôter le trognon et couper de nouveau en 4 dans le sens de la longueur. Couper les carottes en fines rondelles, les oignons en morceaux de 5 cm, les épinards en morceaux de la dimension d'une bouchée et les poivrons en dés grossiers. Disposer également les légumes sur 4 assiettes. Verser le bouillon de poule dans une casserole. Ajouter les champignons coupés en petits morceaux, la sauce de soja et le jerez. Porter lentement à ébullition. Pendant ce temps, préparer la sauce au paprika: couper les poivrons et l'oignon en très petits dés. Mélanger dans un saladier avec la mayonnaise, la crème fraîche et la sauce de prunes. Assaisonner d'huile de chili, de paprika en poudre, de sucre, de sel et de poivre. Pour la sauce d'ail: broyer les gousses d'ail avec le sel jusqu'à obtention d'une pâte; couper la ciboulette menu, ajouter aux autres ingrédients. Assaisonner de poivre et aromatiser de jerez. Pour la sauce d'œufs: hacher finement les œufs durs et les oignons. Les ajouter aux autres ingrédients. Assaisonner d'huile de chili, de sauce de soja, de sel et de poivre. Disposer la viande, les légumes et les sauces (faites maison ou prêtes à l'emploi) sur la table dans différents récipients. Placer le poêlon au centre de la table, verser le bouillon bien relevé. (Le bouillon devra bouillotter constamment.) Chaque convive fera cuire ses aliments lui-même dans le bouillon selon son goût. Présenter avec du pain au levain ou du pain blanc. Après le repas, mettre les nouilles de riz et le riz dans le bouillon, ajouter de la sauce de soja et un peu de jerez. Disposer dans des bols et servir pour terminer le repas.

LE TRUC DU CHEF

Avec le canard à la pékinoise, la fondue chinoise figure la recette la plus célèbre de la cuisine chinoise. Pour la maîtresse de maison européenne, c'est un jeu de société fort simple et de préparation facile. Les convives seront à coup sûr ravis si on lâche davantage la bride à leur fantaisie en leur offrant également des fruits de mer, du poisson, des légumes et des fruits. On pourra aussi, à son gré, présenter un choix de sauces différent.

Desserts

La cuisine chinoise ne connaît pas les desserts. En Chine, on présente les sucreries entre chaque plat pour rompre la longue succession de mets épicés. Cependant, pour me conformer au goût occidental, j'ai choisi quelques friandises qui vous permettront d'étonner vos invités.

jiang bo luo buding

Sorbet à l'ananas et au gingembre

Ingrédients pour 4 personnes

1 ananas
4 tubercules de gingembre confits au sirop
3 cuillerées à soupe de miel
100 g d'éclats d'amande
2 blancs d'œufs
6 cuillerées à soupe de sucre en poudre
½ cuillerée à café de gingembre moulu

En outre:

1 pot de crème
1 sachet de sucre vanillé
2 cuillerées à soupe de fruits confits hachés

Comment procéder:

Éplucher et couper l'ananas en deux. Le réduire en purée, ainsi que le gingembre (ou passer à la moulinette). Mélanger la purée avec le miel et les éclats d'amande. Mettre dans un plat. Placer dans le congélateur et laisser prendre légèrement, en remuant fréquemment. Battre les blancs d'œufs en neige très ferme. Mélanger le sucre en poudre et le gingembre et verser peu à peu dans les œufs tout en remuant. Incorporer avec précaution à la mousse de fruits et remettre dans le congélateur. Remuer souvent et laisser prendre. Mettre la glace dans des fruits évidés de votre choix; battre la crème bien ferme et ajouter le sucre vanillé. En décorer les fruits. Parsemer de fruits confits et servir aussitôt.

shui guo lafan sha la

Salade de riz piquante aux fruits

Ingrédients pour 4 personnes

1 papaye
1 mangue
4 tranches d'ananas
200 g de fraises
1 banane
200 g de riz cuit

Pour la sauce:

3 cuillerées à soupe d'huile d'arachide
4 cuillerées à soupe de sucre
1 tasse de vin blanc
1 tasse de crème fraîche
jus d'1 citron
1 cuillerée à café de poivre de Séchouan moulu

Comment procéder:

Couper la papaye en deux; épépiner. Retirer la pulpe et la couper en petits dés. Éplucher la mangue, détacher la pulpe du noyau et couper en petits dés, ainsi que les tranches d'ananas. Laver les fraises. Les couper en deux ou en quatre. Éplucher la banane; la couper en petits dés. Mettre tous les ingrédients dans un saladier avec le riz et mélanger le tout avec précaution. Pour la sauce: faire chauffer l'huile et laisser caraméliser légèrement le sucre. Délayer avec le vin blanc. Ajouter la crème fraîche et le jus de citron. Faire cuire jusqu'à obtention d'une sauce épaisse. Ajouter le poivre. Verser sur la salade, remuer. Laisser macérer au moins 30 minutes au réfrigérateur. Mettre dans des coupes et servir entre deux plats ou, décoré de crème fouettée, en dessert.

shui guo mifan buding

Crème de riz aux mandarines et aux litchis

Ingrédients pour 4 personnes

½ l de lait
1 pincée de sel
4 cuillerées à soupe de sucre
1 sachet de sucre vanillé
100 g de riz
3 tubercules de gingembre confits au sirop
100 g de noix pilées
1 pot de crème fraîche

Pour la sauce:

2 cuillerées à soupe d'huile d'arachide
2 cuillerées à soupe de sucre
½ tasse de jerez
1 petite boîte de mandarines en quartiers
100 g de litchis en conserve

Comment procéder:

Faire chauffer le lait dans une casserole avec le sel, le sucre et le sucre vanillé. Ajouter le riz et laisser mijoter au moins 1 heure à feu très doux. Ajouter le gingembre finement haché, les noix et la crème fraîche. Laisser mijoter encore 10 minutes. Mettre dans de jolies coupes à fruits et laisser refroidir. Pour la sauce: faire chauffer l'huile dans une poêle et laisser légèrement caraméliser le sucre. Délayer avec le jerez et le jus de la boîte de mandarines Ajouter les fruits et faire chauffer rapidement. Verser sur la crème de riz et servir aussitôt.

LE TRUC DU CHEF

Il vaut mieux toujours préférer les fruits frais aux fruits en conserve. Les litchis frais sont un délice . . . Il faut en ôter l'enveloppe et détacher la pulpe blanche du noyau. Après avoir soigneusement pelé les mandarines, on en coupe les quartiers avec un couteau pointu.

zha shuiguo shala

Salade de fruits sautés

Ingrédients pour 4 personnes

1 banane
1 papaye
1 petit sucrin
1 petit ananas
1 petite boîte de litchis

Pour la cuisson:

2 cuillerées à soupe d'huile d'arachide
1 tasse de miel
2 tubercules de gingembre confits au sirop

Pour la sauce:

1 tasse de vin blanc
½ tasse de liqueur d'orange
1 sachet de sucre vanillé
100 g d'amandes pilées

Comment procéder:

Éplucher et couper la banane en rondelles de 2 cm. Couper la papaye et le melon en deux; épépiner, peler et couper en tranches minces. Peler et couper l'ananas en deux. Ôter le trognon. Couper le fruit en tranches minces. Bien faire égoutter les litchis. Mettre l'huile, le miel et le gingembre finement haché dans une poêle. Faire chauffer jusqu'à ce que le mélange se caramélise légèrement. Ajouter les fruits et faire sauter rapidement. Retirer du feu et aromatiser de vin blanc, de liqueur d'orange et de sucre vanillé. Laisser refroidir. Disposer les fruits dans un plat, arroser de jus. Parsemer d'amandes pilées et servir.

zha zao wan

Croquettes de dattes

Ingrédients pour 4 personnes

voir recette de la pâte à la levure page 24

Pour la farce:

2 cuillerées à soupe de beurre ou de margarine
100 g de dattes dénoyautées
100 g d'amandes pilées
4 tubercules de gingembre
4 cl de jerez
3 cuillerées à soupe de miel
1 cuillerée à café de menthe
½ cuillerée à café de cardamome
1 pointe de girofle en poudre

En outre:

de la matière grasse pour la friture
1 cuillerée à soupe de menthe
5 cuillerées à soupe de sucre

Comment procéder:

Préparer la pâte à la levure comme indiqué dans la recette. Pour la farce: faire fondre le beurre dans une poêle; faire revenir rapidement les dattes coupées en petits morceaux. Ajouter les amandes et le gingembre coupé fin; faire revenir rapidement. Aromatiser de jerez, de miel, de menthe, de cardamome et de girofle. Former des croquettes avec la pâte et remplir celles-ci du mélange à base de dattes. Faire frire. Mélanger la menthe et le sucre, en saupoudrer les croquettes et servir.

bo luo nailao buding

Caillé en gelée aux ananas

Ingrédients pour 4 personnes

200 g de fromage blanc maigre
1 tasse de rhum blanc
1 ananas
50 g de sucre
1 sachet de sucre vanillé
1 cuillerée à soupe de zeste d'orange râpé
1 cuillerée à café de menthe
1 pointe de girofle en poudre
8 feuilles de gélatine blanche
1 pot de crème

Pour garnir:

quelques violettes au sucre
quelques fruits confits

Comment procéder:

Dans un saladier, mélanger le fromage blanc et le rhum. Peler l'ananas, ôter le trognon. Hacher la pulpe menu ou la réduire en purée. Mélanger le sucre, le sucre vanillé, le zeste d'orange, la menthe et la girofle à la purée d'ananas. Faire chauffer le tout dans une casserole. Faire dissoudre la gélatine préalablement trempée dans l'eau et mélanger l'ensemble avec le fromage blanc. Battre la crème bien ferme; incorporer au mélange à base de fromage blanc une fois ce dernier parfaitement refroidi. Mettre dans des ramequins ou dans des coupes à fruits passées à l'eau et laisser refroidir.

shui guo hetao buding

Soufflé aux noix nappé de sauce aux fruits

Ingrédients pour 4 personnes

100 g de beurre ou de margarine
100 g de sucre
4 jaunes d'œufs
250 g de noix pilées
4 tubercules de gingembre confits au sirop
1 cuillerée à soupe de zeste d'orange râpé
1 cuillerée à café de zeste de citron râpé
1 sachet de sucre vanillé
200 g de biscottes pilées
4 cl de liqueur d'orange
4 blancs d'œufs
de la matière grasse pour graisser le moule

Pour la sauce:

2 cuillerées à soupe de beurre ou de margarine
3 cuillerées à soupe de sucre
2 cuillerées à soupe de miel
1 petit boîte de macédoine de fruits exotiques
4 cl de liqueur d'orange

Comment procéder:

Battre le beurre et le sucre dans un saladier jusqu'à obtention d'un mélange mousseux. Ajouter les jaunes d'œufs, les noix, le gingembre haché menu, le zeste d'orange et les zestes de citron. Mélanger le sucre vanillé et les biscottes; faire griller légèrement dans une poêle et incorporer pour finir à la préparation à base de noix. Aromatiser de liqueur d'orange. Battre les blancs d'œufs en neige très ferme et incorporer délicatement à la masse. Beurrer des moules à soufflé; y mettre la préparation. Laisser cuire au bain-marie 20-30 minutes selon la grandeur des moules. Pendant ce temps, faire fondre le beurre ou la margarine dans une poêle et faire légèrement caraméliser le sucre. Ajouter le miel et délayer le jus des fruits. Ajouter les fruits. Aromatiser la liqueur d'orange. Dresser sur un plat et servir nappé de sauce aux fruits.

LE TRUC DU CHEF

Les Chinois aiment beaucoup également les fruits en beignets. Ils sont particulièrement délicieux lorsqu'on les roule dans du caramel après cuisson. Et de les plonger rapidement dans de l'eau glacée avant de les mettre à refroidir leur donnera un aspect remarquable.

Index des recettes

Hors-d'œuvre et en-cas

Beignets aux crevettes 26
Beignets aux dattes et au gingembre 29
Beignets de viande hachée 28
Boulettes de crevettes 37
Boulettes de porc perlées 34
Côtelettes de légumes 41
Langouste royale 43
Langoustines sautées à la sauce au poivre 44
Pâte à la levure 24
Pâte de nouilles 25
Pâte de nouilles aux œufs 25
Rouleaux aux œufs farcis au porc et au crabe 32
Rouleaux de crêpe au poulet et aux germes de soja 30
Rouleaux de nouilles aux œufs farcis aux légumes 33
Salade de chou chinois aux crevettes 40
Toasts aux crevettes 37

Riz et nouilles

Nouilles de blé à la sauce de viande 56
Nouilles sautées au porc et aux haricots verts 55
Nouilles translucides au bœuf et aux crevettes 57
Riz au jambon cuit à la vapeur 50
Riz sauté aux crevettes aigres-douces 48
Riz aux légumes

Viande

Agneau aux pois sucrés 80
Agneau braisé au curry 80
Beignets de porc à la sauce aigre-douce 70
Bœuf braisé aux tomates 77
Croquettes à la viande et au crabe 73
Épaule d'agneau farcie 82
Filet de bœuf à la sauce de haricots noirs 78
Filet de porc sauté aux légumes 74
Fricassée de porc aux légumes 68
Fricassée de porc et rognons de porc 69
Jarret de porc aux légumes 60
Porc aigre-doux 66
Porc à la poêle 65
Porc grillé 63
Pudding au porc 64
Steaks marinés 76
Tourte de viande à la vapeur 72

Poisson

Bouquets sautés 93
Brèmes grillées glacées au miel 100
Brochet farci au porc 90
Cabillaud frit à la sauce aigre-douce 88
Carpe sautée à la sauce au gingembre 86
Coques à la sauce aigre-douce 97
Filets de truite crus marinés 101
Harengs frits à la sauce de mandarine 94
Moules au jus de légumes 96
Poêlée de fruits de mer 98
Saumon frit à la sauce piquante 88
Scampi sautés à la sauce d'huîtres 92

Volaille

Canard à la pékinoise 116
Canard cuit à l'eau au chou de Chine 119
Dés de canard aigres-doux aux fruits 118
Dés de poulet à la sauce de cacahuètes 106
Poularde braisée au poivre 104
Poularde farcie cuite au sel 112
Poularde sautée 107
Poulet aigre-doux 111
Poulet aux foies de porc et aux brocolis 110
Poulet ivre 115
Poulet sous cellophane 108
Roulades de chou de Chine farcies au poulet 114

Légumes

Brocolis à la crème de poulet 126
Chou de Chine aigre-doux au jambon 129
Chou de Chine braisé au lait 128
Chou frisé à la sauce tomate aigre-douce 125
Chou frisé cuit «au rouge» 124
Concombre piquant farci 180
Épinards au gingembre 132
Jardinière de légumes braisés 122
Salade de légumes aigre 133
Salade de poulet braisée 134

Soupes

Fondue chinoise 146
Pot à feu gourmand 142
Soupe au crabe aux œufs 140
Soupe de bœuf aux nouilles de riz 138
Soupe de légumes aigre-piquante 144
Soupe de riz claire 141
Velouté de maïs au crabe 145

Desserts

Caillé en gelée aux ananas 157
Crème de riz aux mandarines et aux litchis 153
Croquettes de dattes 156
Salade de fruits sautés 154
Salade de riz piquante aux fruits 152
Sorbet à l'ananas et au gingembre 150
Soufflé aux noix nappé de sauce aux fruits 158

Nº ISBN 2-905780-05-3
Dépôt légal octobre 1986
65.6858.8

Traduit par Ch. Poulain
Photographie: TLC-Foto-Studios GmbH, Bocholt (RFA)
Photocomposition et maquette: M & P Tekst, Weert (Pays-Bas)
Couverture: M. Méline, graphiste

Imprimé en Italie - SAGDOS-Brugherio (Mi)